T0161549

# COLUMELLE

## DE L'AGRICULTURE

### LIVRE X
### DE L'HORTICULTURE

**COLLECTION DES UNIVERSITÉS DE FRANCE**
*publiée sous le patronage de l'ASSOCIATION GUILLAUME BUDÉ*

# COLUMELLE

## DE L'AGRICULTURE

### LIVRE X
#### DE L'HORTICULTURE

TEXTE ÉTABLI, TRADUIT ET COMMENTÉ

PAR

E. DE SAINT-DENIS

*Professeur honoraire à la Faculté des Lettres de Dijon*

Deuxième tirage

PARIS
LES BELLES LETTRES
2002

*Conformément aux statuts de l'Association Guillaume Budé, ce volume a été soumis à l'approbation de la commission technique, qui a chargé M. J. André d'en faire la révision et d'en surveiller la correction en collaboration avec M. E. De Saint-Denis.*

© 2002. Société d'édition Les Belles Lettres
95 boulevard Raspail, 75006 Paris
*www.lesbelleslettres.com*

Première édition 1969

ISBN : 2-251-01087-4
ISSN : 0184-7155

# INTRODUCTION

Dévotion à Virgile : ces trois mots peuvent servir de titre à notre introduction.

A la fin du livre précédent (IX, 16, 2), en manière de transition, Columelle annonce que, pour faire plaisir à Publius Silvinus[1] et à Gallion[2], il va traiter en vers la dernière partie de son agronomie : *de cultu hortorum*. Dans la préface en prose du livre X, il rappelle les sollicitations réitérées de Silvinus, « qui l'ont déterminé à compléter sur le rythme de la poésie les parties qui ont été omises dans le poème des *Géorgiques*, et dont Virgile avait dit lui-même[3] qu'il laissait à la postérité le soin de les traiter » (§ 3). Non seulement il se présente comme le continuateur de Virgile, docile à « la volonté du poète le plus vénérable », mais il parle de son maître comme d'une divinité, « *quasi numine instigante* » (§ 4). Dans le prélude du poème (v. 2-4), il paraphrase de nouveau les termes du testament virgilien ; et dans l'épilogue (v. 433-436), il professe encore sa dévotion à celui qu'il appelle « divin poète » (*siderei uatis*).

Dans cet hommage pieux n'y a-t-il pas une contradiction, puisque le prélude rappelle que Virgile, prisonnier d'étroites frontières, a omis la culture des jardins,

---

1. Ce dédicataire est mal connu ; cf. Pauly-Wissowa, *Real Encycl.*, art. *Silvinus*, 3. Cependant nous savons, d'après III, 9, 6, qu'il était un viticulteur, un voisin de Columelle, et, d'après V, 1, 4 (*familiariter*), un de ses familiers.

2. L. Iunius Gallio, frère de Sénèque le Jeune et oncle de Lucain, donc compatriote de Columelle, originaire de Gadès ; cf. Pauly-Wissowa, *Real-Encycl.*, art. *Iunius Gallio*.

3. Verg., *Georg.*, IV, 147-148 : *Verum haec ipse equidem spatiis exclusus iniquis / praetereo atque aliis post me memoranda relinquo.*

et que l'épilogue conclut : « J'ai assez enseigné, Silvinus, l'horticulture, suivant les préceptes de Maron... »?

I. *Place du livre X dans l'ensemble du traité et dans l'histoire de l'horticulture antique.*

D'abord la place de ce livre X dans le plan de l'ouvrage est assez surprenante. Columelle a traité, dans le livre I, de l'utilité et de l'agrément de l'économie rurale et des conditions à réaliser pour y réussir ; dans le livre II, des champs, des ensemencements et de la moisson ; dans le livre III, des vignes et des vergers ; dans le livre IV, des vignobles (suite) ; dans le livre V, de l'emploi du temps en agriculture et des arbres ; dans le livre VI, des bestiaux et de leurs maladies ; dans le livre VII, du petit bétail (brebis, chèvres, porcs) ; dans le livre VIII, de la basse-cour ; dans le livre IX, des abeilles.

L'horticulture ne devrait-elle pas se placer avec le groupe des livres I-V, consacrés à l'agriculture proprement dite? Pourquoi vient-elle après l'apiculture (livre IX)?

La réponse est aisée : parce que Virgile a pensé aux jardins à propos des abeilles (*Géorgiques*, IV, 116-124) et qu'il a décrit, dans l'épisode du vieillard de Tarente, un jardin d'apiculteur[1] (v. 139-141), peuplé de plantes et d'arbres mellifères, qui se retrouvent dans la liste de Columelle (IX, 4).

En outre, à une époque où les Romains se laissaient séduire par la magnificence des parcs orientaux et consacraient trop d'arpents à des jardins d'agrément, Virgile avait célébré un jardin modeste mais productif, d'où le bonhomme de Tarente tirait légumes, fruits et fleurs, « fier d'égaler ses richesses à celles des rois », et

---

1. Cf. E. de Saint-Denis, *Virgile, Géorgiques*, Paris, Les Belles Lettres, 1956, p. 114 ; R. Suaudeau, *La doctrine économique de Columelle*, Paris, 1957 ; H. Mihaescu, *L'économie agricole chez Columelle*, dans Studii Clasice, I, 1959, p. 91-103.

« chargeant sa table de mets qu'il n'avait point achetés »
(v. 130-133). Dans sa préface en prose, Columelle dit
qu'à une époque où le luxe fait monter le coût de la vie
et interdit à la plèbe des nourritures trop chères, la culture d'un jardin est recommandable et payante. Un
jardinet est un garde-manger. Dès l'abord, au vers 6,
le jardin de Columelle, *numerosus hortus*, n'apparaît
pas comme une grande exploitation de maraîcher ou de
fleuriste ou de fruitier, mais comme un lopin de terre
qui donne un peu de tout. C'est très virgilien et conforme
au précepte des *Géorgiques* (II, 412) : « Loue les domaines
immenses, mais cultive un petit domaine[1]. »

Une page de Pline l'Ancien (XIX, 50-52) éclaire tout :
« Les rois romains eux-mêmes ont cultivé des jardins.
C'est en effet de son jardin que Tarquin le Superbe
envoya à son fils le message cruel et sanguinaire. Dans
notre loi des Douze Tables, on ne trouve nulle part le
mot *uilla*, mais toujours *hortus* en ce sens, et pour *hortus*,
*heredium*... Aujourd'hui, sous le nom de jardins, on
possède dans Rome même des lieux de plaisance, des
campagnes et des villas. C'est Épicure, maître en loisir,
qui le premier, à Athènes, institua cet usage ; jusqu'à
lui, il n'entrait pas dans les mœurs d'habiter la campagne à la ville. A Rome du moins le jardin était le
champ du pauvre (*ager pauperis*). C'est du jardin que le
peuple tirait ses provisions, et combien cette nourriture
était plus innocente ! » Quand les émissaires samnites
vinrent offrir de l'or à M. Curius Dentatus, il mangeait
dans une écuelle de bois une rave grillée sur le feu[2].

Lorsque Rome est devenue une grande ville et que
les capitales provinciales se sont développées, de vastes
cultures maraîchères se chargèrent de nourrir leurs
ventres affamés ; des champs entiers devinrent jardins,

---

1. Cf. E. de Saint-Denis, *Ibid.*, p. xii-xiv.
2. Cf. Plin., *N. H.*, XIX, 87 ; Val. Max., IV, 3, 5 ; cf. J. André,
*Pline, Histoire naturelle*, XIX, Paris, Les Belles Lettres, 1964, p. 129.

et l'agriculture hellénistique donna aux Romains les
modèles de ces cultures maraîchères en grand. D'autre
part, dans les banlieues, les jardins de rapport font place
aux jardins de plaisance et aux grands parcs stériles,
plantés de platanes et de lauriers, de statues et de vasques ;
Horace s'inquiète : « Alors les violettes et les myrtes et
l'opulence des productions odoriférantes répandront
leurs senteurs là où les plants d'oliviers donnaient des
fruits au maître précédent ; alors l'épaisse ramure du
laurier repoussera les traits de la canicule. Tout autres
étaient les usages prescrits sous les auspices de Romu-
lus et de Caton le Barbu et par la règle des anciens »
(*Od.*, II, 15, 5-12). L'*ars topiaria* supplante le labeur et
la pratique de l'*olitor* et du *putator*[1].

Columelle, poète des jardins, est vieux romain ; son
jardin est rustique et productif ; on n'y voit point s'acti-
ver une armée d'esclaves : on aperçoit quelque part
(v. 228-229) un émondeur, accroché aux arbres du verger, qui chante en travaillant ; ailleurs (v. 309-310), un
portefaix qui va vendre à la ville des fleurs printanières,
et qui en revient, d'un pas titubant, après d'abondantes
libations. Tous les travaux horticoles mentionnés dans
le poème peuvent être assumés par un seul homme, qui
fait tout de sa main.

Et qui besogne dur : hardi ! lui crie le poète : « Voici
qu'une tâche plus dure et sans fin vous appelle, hardi !
chassez maintenant le sommeil paresseux... » (v. 67-69).
*Labor* et *usus*, le travail et le besoin sont les maîtres
des cultivateurs (v. 339), qui sont de rudes gens (v. 23,
303), endurcis par l'expérience (v. 338) et par les bruta-
lités de Jupiter (v. 325-336). Loi du travail opiniâtre
et toujours recommencé, que Virgile avait formulée
dans les *Géorgiques* (I, 125 sq. ; II, 401-402). Le jardin

---

1. Cf. P. Grimal, *Les jardins romains*, Paris, 1943, p. 61-67 ; J.-M.
André, *Mécène*, Paris, Les Belles Lettres, 1967, p. 46-51 (à propos des
jardins de Mécène sur l'Esquilin).

de Columelle fait penser aux *hortuli*, qui subsistèrent pendant tout l'Empire, parmi les grands domaines transformés en parcs et les exploitations des maraîchers spécialisés, dans les faubourgs de Rome et des capitales provinciales. « Tout le quartier du Temple de Mars et les bords de l'Almo étaient ainsi remplis de ces petits jardins où se dressaient, entre les carrés de légumes, les petites cabanes, les *tabernae*, si caractéristiques de toutes les banlieues. Il ne serait pas difficile encore maintenant de trouver, aux environs de la chapelle de *Quo Vadis*, de ces enclos protégés par une palissade légère de roseaux, avec leur *taberna* où l'on vient le dimanche et le soir, à la fraîcheur[1]... »

Quant aux statues coûteuses et encombrantes que les riches veulent dresser dans leurs parcs stériles, Columelle dit expressément (v. 29-34) qu'ils n'ont pas leur place dans son jardin : « Ne cherche pas des œuvres sorties de la main de Dédale, et ne te mets pas en peine pour avoir du Polyclète, du Phradmon ou de l'Agéladas, mais... ». Un Priape à l'ancienne mode, taillé grossièrement dans un tronc d'arbre, suffira pour mettre en fuite gamins et maraudeurs.

Le dessein et l'esprit sont les mêmes dans les *Géorgiques* de Virgile et dans le poème de Columelle : réagir contre l'extension des grandes exploitations et des parcs improductifs, dont les avantages avaient séduit Varron[2].

## II. *Le plan : calendrier du jardinier.*

Le poème débute par une introduction de 40 vers, qui se subdivise ainsi :

1° dédicace à Silvinus, qui rappelle la dédicace des *Géorgiques* à Mécène, et qui la paraphrase en posant le sujet, laissé par Virgile à ses successeurs (v. 1-5) ;

1. P. Grimal, *Ibid.*, p. 62.
2. Cf. E. de Saint-Denis, *op. cit.*, p. XI-XII.

2º nature du fonds propre à un jardin ; le problème de l'eau (v. 6-26) ;

3º clôture et protection (v. 27-34) ;

4º invocation aux muses et indication d'un plan chronologique (v. 35-40).

C'est donc un calendrier du jardinier que le poète entend mettre en œuvre. Varron (*R. R.*, I, 37 sq.) avait, par la bouche de Stolon, divisé le cycle annuel des travaux agricoles, d'après les cours de la lune et du soleil, en six phases : préparation du fonds ; ensemencement (ou plantation) ; nutrition et germination ; récolte ; emmagasinement ; consommation. Virgile (*Géorgiques*, II, 401-402) avait, en deux vers, schématisé ce cycle annuel : « Le travail revient pour les cultivateurs suivant un cycle, et l'année se déroule en repassant sur ses propres traces. » Columelle a, du vers 41 au vers 432, déroulé la série des travaux horticoles en partant des vendanges (v. 41-44), pour y revenir (v. 423-432) ; deux évocations des réjouissances automnales se font pendant et encadrent son calendrier.

Des dates précises[1], qu'il est facile de retrouver sous les périphrases astronomiques et mythologiques, grâce au calendrier du livre XI, jalonnent l'exposé :

1º Travaux d'automne, du 24 septembre au 9 novembre : bêchage et irrigation (v. 41-54) ;

2º Travaux d'hiver, du 18 novembre au 4 février : bêchage (suite) (v. 55-76) ;

3º Travaux de printemps, du 5 février au 19 mai :

*a)* fumure et nettoyage du sol (v. 77-93) ;

*b)* semis de fleurs, de plantes médicinales, de plantes aromatiques et de légumes (v. 94-139) ;

*c)* entretien du sol et arrosage (v. 140-154) ;

---

1. Les données astronomiques de Columelle ont été étudiées par A. Le Bœuffle, *Quelques erreurs ou difficultés astronomiques chez Columelle*, dans *Rev. Ét. lat.*, 1964, p. 324-333. Nous n'avons pas ici à discuter le calendrier de Columelle, mais à l'utiliser comme cadre de son poème.

*d)* à partir de l'équinoxe (23 mars), le repiquage ; subdivisions : indications générales sur ces opérations (v. 155-165) ; repiquage des légumes, des plantes odoriférantes, des fleurs (v. 166-177) ; des laitues (v. 178-195) ;

*e)* explosion printanière (v. 196-214) ;

*f)* retour à l'horticulture où Calliope rappelle le poète (v. 215-229) ;

*g)* suite des semis et repiquages (v. 230-254) ;

*h)* triomphe du printemps : les fleurs épanouies (v. 255-274) ; la cueillette ; appel aux **N**ymphes, puis aux fleuristes (v. 275-310) ;

4⁰ Travaux d'été, du 19 mai à la fin d'août :

*a)* récolte des légumes (v. 311-317) ;

*b)* lutte contre les nuisibles (v. 318-368) ;

*c)* récolte des plantes utiles (v. 369-399) ;

*d)* après le 20 août, récolte des fruits (v. 400-418) ; semis (v. 419-422) ;

5⁰ Retour de l'automne : vendanges et cortège bachique (v. 423-432).

Ce plan a le double mérite d'être simple et vivant. Technique, il raboute les indications que les calendriers anciens procuraient aux gens des campagnes sur le cours des astres, la météorologie et les travaux agricoles, mois après mois[1]. Poétique, il évoque la vie du jardin et ses métamorphoses : son sommeil hivernal, son réveil au renouveau, sa gloire estivale. On a dit souvent que Columelle parlait de l'agriculture en connaisseur[2]. Il était

---

1. Sur ces calendriers astro-météorologiques, voir *Dict. Antiq.* Daremberg-Saglio, art. *Calendarium* ; A. Le Bœuffle, *art. cit.*, p. 324-325.

2. Cf. H. B. Ash, *L. Iuni Moderati Columellae rei rusticae liber decimus*, Philadelphia, 1930, p. 17-18 : compétence de Columelle reconnue par Pline l'Ancien, Pélagonius, Palladius, Cassiodore, Isidore de Séville ; L. B. Marshall, *L'horticulture antique et le poème de Columelle*, Paris-Londres, 1918, p. 82-85 ; B. Baldwin, *Columella's sources and how he used them*, dans *Latomus*, 1963, p. 785-791 ; L. Dallinges, *Science et poésie chez Columelle*, dans *Études de lettres* (Bull. de la Fac. des Lettres de Lausanne), juillet-septembre 1964, p. 137-144.

certainement plus expérimenté que Virgile[1], plus près de la terre et des travaux de la terre.

Essaierons-nous de rechercher maintenant quelles ont été les sources de Columelle dans l'invention des préceptes dont il a meublé son plan chronologique et progressif ? Cette quête est décevante : dans le livre XI sur l'horticulture, Columelle ne cite que trois noms : Démocrite, Bolus de Mendès et Hygin ; mais dans le chapitre premier du livre I, il a donné une liste considérable de ses prédécesseurs en agronomie : Hésiode, Démocrite, Aristote, Théophraste..., Caton, Varron, Virgile, Celse, Julius Atticus, Grécinus[2]. Que d'œuvres perdues, en particulier celle du Carthaginois Magon, qui fut bien connue des Romains et dont l'influence fut, semble-t-il, considérable[3] ! En outre, dans l'index de son livre XIX, Pline l'Ancien a énuméré des auteurs latins qui ont composé des *Cepurica* (Des jardins) : Caesennius, Castricius, Firmus et Potitus : des noms ! Nous ne savons même pas si ces œuvres sont antérieures au poème de Columelle. Seul peut être daté approximativement le *Cepuricon* de Sabinus Tiro, signalé par Pline (XIX, 177) comme dédié à Mécène.

Si l'on glane dans les œuvres de Caton et de Varron les détails concernant la culture des jardins, la récolte est maigre. Caton a placé le potager au second rang, après la vigne, pour la productivité ; il parle de la rave, du radis, du millet, de l'asperge, du lupin, de la fève, de la lentille, du navet, et surtout du chou, roi des légumes, mais très brièvement et sèchement en ce qui concerne les cultures elles-mêmes[4]. Varron s'est intéressé plus que Caton à la viticulture et à l'arboriculture, mais pas

---

1. Son admiration pour Virgile ne l'empêche pas de le corriger parfois ; cf. L. B. Marshall, *op. cit.*, p. 84.

2. Cf. L. B. Marshall, *op. cit.*, p. 81-88.

3. Cf. E. de Saint-Denis, *op. cit.*, p. xviii-xix ; important témoignage de Varron (*R. R.*, I, 1, 10).

4. Cf. L. B. Marshall, *op. cit.*, p. 47-48.

plus que lui aux légumes (fève, lentille, pois chiche, asperge, serpolet, chou, rave, raifort, millet, panais)[1]. Au reste, Columelle n'a-t-il pas averti les sourciers de l'histoire littéraire que les écrits des agronomes sont moins propres à former un agriculteur qu'à instruire celui qui l'est déjà[2] ; que l'expérience compte plus que le savoir livresque[3] ; et que, pour sa part, il a été instruit surtout par la pratique[4]? Laissons là ce problème insoluble des sources, et recherchons plutôt comment technique et poésie s'allient dans notre poème.

## III. *Technique et poésie.*

La poésie didactique est un genre périlleux ; les réussites furent très rares à travers les âges et dans toutes les littératures. Traiter en vers de bêchage, de binage et d'arrosage, de fumure et de repiquage, énumérer les espèces de choux, de laitues, de prunes et de figues, c'était s'exposer à des critiques divergentes : Columelle est trop littéraire et trop peu technique aux yeux de D. Nisard ; trop technique pour J. Bayet[5]. Affrontant les mêmes difficultés que son maître Virgile, les a-t-il, comme lui, surmontées?

Pour égayer une matière ingrate, il recourt aux mêmes procédés littéraires :

1º périphrases qui désignent une plante, un outil, une date du calendrier (v. 3, 38, 41-42, 52-57, 77-79, 115, 124-126, 127-129, 148, 248-249, 251-252, 253, 311-312, 400, 405-406, 409-410) ;

2º petits croquis, rapides mais précis, qui évoquent un paysage, une attitude, un végétal, une fleur ou un fruit : le terrain marécageux, sans cesse étourdi par les

---

1. Cf. L. B. Marshall, *op. cit.*, p. 49-50.
2. Colum., I, 1, 15.
3. Colum., I, 1, 16.
4. Colum., III, 10, 8. Dans la préface en prose du livre X, il se flatte d'enseigner l'horticulture avec plus de soin que ses anciens.
5. Contradiction relevée par L. Dallinges, *art. cit.*, p. 137.

criailleries de la grenouille (v. 12) ; le Priape obscène
dont la statue de bois mal dégrossi se dresse au milieu du
jardin (v. 31-34) ; Automne repu, secouant ses tempes
et barbouillé de moût (v. 43-44) ; paysage d'hiver brûlé
par les gelées blanches et cinglé par les vents en cour-
roux (v. 74-76) ; premier printemps qu'annonce le chant
de l'hirondelle (v. 80) ; énumération de plantes, dont
chacune est caractérisée par un détail : forme, couleur,
maintien, propriété médicinale ou culinaire (v. 96-126) ;
particularités des régions qui ont donné leurs noms aux
espèces de choux (v. 130-139) ; description pittoresque
des différentes laitues (v. 181-188) ; aspects successifs du
cardon dans sa rapide poussée (v. 235-241) ; silhouette
du grenadier qui a revêtu sa livrée de fleurs couleur de
sang (v. 242-243) ; exubérance effrontée de la bryone,
qui s'élance hors des épines pour enlacer les poiriers
sauvages et les aunes indomptables (v. 248-250) ; couche
moelleuse de l'herbe tendre, au printemps, quand l'eau
des sources fuit dans le gazon babillard, ni congelée ni
chauffée par le soleil (v. 283-285) ; au retour du marché,
le fleuriste éméché, titubant (v. 309-310) ; le défilé des
animaux nuisibles : le minuscule puceron, la fourmi
pillarde, le limaçon enveloppé dans sa coquille, les pyrales ennemies de Bacchus et des saules verdâtres, la
chenille rampante (v. 320-334) ; la pitoyable décrépitude
des plants mordus par la vermine, décapités, mutilés
et gisants (v. 335-336) ; la dégringolade des chenilles
qu'un rite dardanien extermine, telle une avalanche de
pommes lisses ou de glands enveloppés de leurs bogues
(v. 364-366) ; les formes plaisantes et bonasses des concombres tordus et des gourdes ventrues, de l'espèce
maigre et de la bedonnante, de la verdâtre pansue et
rugueuse, tel le serpent, et de la blanche, plus flasque
que la mamelle d'une truie, plus molle que le lait caillé
(v. 378-399) ; la variété multicolore des fruits au mois
d'août : mûres, prunes et figues (v. 400-418) ; le retour
des nuages qui restent suspendus dans le ciel au temps

de l'équinoxe d'automne (v. 420) ; mais allégresse vin-
démiaire des Satyres pétulants et des Pans hybrides,
tandis que la cuve bouillonne et que les jarres laissent
en écumant déborder le moût épais (v. 426-432) ;

3º allusions mythologiques qui sont comme autant
d'échappées de la terre vers le ciel, de l'enclos borné vers
les immensités du cosmos et du rêve (v. 52, 55-57, 59-67,
155-156, 174-175, 200-208, 220-224, 263-279, 288-293,
313, 348, 367-368, 427-428) ;

4º digressions plus vastes où le poète se laisse emporter
par l'inspiration lyrique : épisode du déluge et légende
de Deucalion, qui meublent un développement dont la
matière était indigente, l'hiver étant pour le jardinage
une morte-saison (v. 60-67) ; hymne au printemps, qui
rompt la monotonie d'une énumération de semis et repiquages (v. 196-229) ; appel aux Nymphes, qui prélude à
la description du jardin en fleurs, et qui résume la légende de Proserpine, nouvelle évasion et heureuse di-
version (v. 268-279) ;

5º accumulation de noms propres, riches en sonorités,
souvent grecs : alexandrinisme, si fréquent dans les
*Bucoliques* et les *Géorgiques* de Virgile ;

6º personnifications de la terre, de la plante, de la
fleur : le fonds a ses goûts et ses préférences (v. 9-15) ;
les jardins sont assoiffés et l'arrosage doit gorger d'eau
vive les bouches béantes du sol (v. 24, 49) ; le bêcher
et le labourer, c'est trancher la chevelure de la terre et
déchirer ses vêtements (v. 70) ; elle a des entrailles, qu'il
faut arracher avec les larges marres (v. 72) ; un sein,
qu'il faut ouvrir au bon moment (v. 90) ; le jardinier la
soigne, la peigne et la pare (v. 94-95) ; les fleurs ne sont
pas seulement les constellations de la terre (v. 96),
mais les soucis ont des yeux, les narcisses des cheveux,
les gueules-de-lion sont sauvagement béantes, la rose est
pudique (v. 97-102) ; la terre ensemencée est en gestation (v. 141), puis en gésine (v. 145) ; les plants nouveaux sont sa progéniture (v. 146) ; au temps des trans-

plantations et des repiquages, elle réclame des enfants et désire se marier aux plants qu'on voudra bien lui confier, lui donner à chérir (v. 157-164) ; la végétation printanière est sa chevelure, ses tresses ; le céleri ses frisettes et le panais ombrage sa poitrine (v. 164-168) ; la myrrhe d'Achaïe pleure (v. 172) ; quand l'âme du monde est en folie, possédée par Vénus, la terre est en rut (v. 195 sq.) ; elle s'abandonne aux enlacements de son fils, Jupiter, qui descend dans son sein sous forme d'averse (v. 206) ; le cardon porte une chevelure verte et courbe le cou (v. 238) ; le grenadier s'habille (v. 242) ; la mauve suit le soleil en penchant la tête (v. 247) ; la bryone est une effrontée (v. 248) ; l'épanouissement des fleurs est la parure dont la terre se plaît à émailler ses tempes (v. 257) ; les violiers ouvrent leurs yeux clignotants (v. 259) ; la gueule-de-lion bâille (v. 259) ; la rose déplisse ses joues virginales (v. 261) ; le concombre verdâtre se ramasse sur lui-même (v. 391) ; la figue *callistruthis* rit par ses pépins roses (v. 416). On peut reprocher à Columelle d'avoir abusé d'une figure facile ; mais il a suivi en cela l'exemple de Virgile, et les cultivateurs eux-mêmes, dans leur parler quotidien, usent de ces sortes de personnifications.

Au reste, il y a là plus qu'un procédé de styliste et qu'un tic d'écrivain ; à l'instar de Virgile qui étend sa sympathie à tous les êtres vivants : hommes, bêtes ou végétaux, son élève communie avec le jardin et tous ses habitants ; il les connaît, il les comprend, il vit de leur vie, et son enthousiasme est sincère quand le renouveau réveille la nature ou quand triomphe la saison des fleurs et des fruits. Quiconque possède et travaille un bout de jardin comprendra cette exaltation du poète.

On trouvera dans notre commentaire les références aux textes virgiliens[1], les réminiscences et les *retracta-*

---

1. Cf. W. Schroeter, *De Columella Vergilii imitatore*, Iena, 1882 ;

*tiones*, ainsi que les groupes métriques empruntés par Columelle comme débuts ou fins d'hexamètres. On comprend maintenant pourquoi l'épilogue de notre poème peut affirmer :

*hactenus hortorum cultus, Siluine, docebam,*
*siderei uatis referens praecepta Maronis* (v. 433-434),

alors que Virgile n'a pas enseigné la culture des jardins : *praecepta* doit s'entendre du dessein, de l'esprit, des leçons de technique littéraire et de philosophie naturaliste.

Comme dans la seconde *Bucolique* (v. 45-55), où Virgile donnait une impression de profusion luxuriante en nommant les fleurs et les fruits qu'Alexis recevra du généreux Corydon, Columelle, avec plus de prodigalité, offre à Silvinus les richesses de son jardin ; le rapprochement s'impose, suggéré par le poète lui-même aux vers 298-299. Comme dans la seconde *Géorgique* (v. 89-108), où Virgile énumérait quinze vins représentatifs d'une innombrable variété de crus, Columelle dresse une liste des espèces de choux (v. 130-139), de laitues (v. 181-189) ou de figues (v. 413-418). Même procédé ; même impression de fertilité, de vitalité, de surabondance. Avec cette différence que Columelle est moins discret ; Virgile, suivant le mot de Pline l'Ancien, ne cueillait que la fleur[1] ; Columelle, parce qu'il est plus technicien ou moins artiste, veut être plus complet même en vers.

Les jeux de couleurs ne manquent pas chez Virgile ; chez Columelle ils abondent[2]. Sur 436 vers, 53 portent des notations de couleurs. Les nuances des feuilles, des

---

E. Stettner, même titre, Triest, 1894 ; C. Brakman, *Ad Columellae librum decimum*, dans *Mnemosyne*, 1933, p. 107-112.

1. Cf. E. de Saint-Denis, *op. cit.*, p. XVII-XVIII.
2. J. André (*Étude sur les termes de couleur dans la langue latine*, Paris, 1949, p. 384-385) relève six créations de Columelle, dont deux dans le livre X : *myrteolus*, v. 238 ; *flammeolus*, v. 307.

fleurs et des fruits servent naturellement aux jardiniers et aux botanistes pour distinguer les espèces. Ainsi, la pomme d'une laitue est verte ; celle d'une autre, brune ; la Cappadocienne est d'une pure blancheur ; celle de Gadès a blanches ses feuilles frisées et blanche sa hampe ; celle de Chypre a les feuilles rouges et le pied couleur de lait (v. 181-188). Les figues chélidoniennes sont pourprées ; la Callistruthis, riante par ses pépins roses ; la figue blanche garde la dénomination de la cire blonde, et la Lydienne a la peau colorée (v. 415-418). Ces deux exemples montrent que Columelle est un visuel, un espagnol qui aime les couleurs vives et qui se plaît à les marier, à les opposer.

Son printemps, comparé à ceux de ses devanciers, est une féerie multicolore et chatoyante[1]. Prenons-y garde : ce n'est pas un bariolage d'écolier : avec délicatesse le poète suggère des associations et des oppositions de couleurs ; après avoir célébré la rose, plus éclatante que la pourpre de Sarra, que le visage vermeil de Phébé, que les feux de Sirius étincelant, que l'apparition resplendissante d'Hespérus et que l'arc-en-ciel, il présente sur fond ombreux de marjolaines le narcisse (dont nous savons qu'il fleurit blanc) et la fleur du grenadier (qui est pourprée) (v. 287-297). De même, dans le panier blanc du jardinier s'organise une composition florale non moins subtile : jacinthes foncées, rose (pourpre), souci couleur de feu (v. 303-307).

Columelle est plein de Virgile, mais il n'est pas sans originalité ; souvent son style est sensuel et pictural. Ce qui lui manque, c'est la fluidité virgilienne. Son poème est inégal, parce qu'il y a, dans certaines parties, surcharge et densité ; mais il y a, dans les meilleures, beaucoup de virtuosité.

---

1. Cf. R. Schilling, *Printemps romains*, Paris, 1945, p. 12.

**IV.** *Le texte; éditions et traductions.*

Une étude minutieuse des manuscrits de Columelle a été publiée récemment par Åke Josephson : *Die Columella-Handschriften*, Uppsala, 1955. Elle a le grand mérite de classer trente-sept manuscrits et de proposer un stemma.

Les deux manuscrits les plus anciens sont du ixᵉ siècle : le *Sangermanensis* (*S*), écrit à Corbie, venu ensuite à l'abbaye de Saint-Germain-des-Prés, enfin emporté pendant la Révolution française à Pétrograd, d'où ses noms : *Petropolitanus 207*, *Leninopolitanus* ms. lat. 1 ; et l'*Ambrosianus L 85 sup.* (*A*), à Milan, issu de l'abbaye de Fulda.

Les autres sont des manuscrits d'humanistes italiens, datant pour la plupart du xvᵉ siècle ; on les désigne par le sigle collectif *R*.

Dans son travail, qui est un modèle d'érudition et de méthode, Å. Josephson a déterminé l'*hyparchetypus* dont *S* et *A* sont deux copies indépendantes ; il a réparti en groupes les *deteriores*, suivant qu'ils sont proches ou éloignés de *A*.

Les reproductions photographiques, mises à notre disposition par l'Institut de Recherche et d'Histoire des textes, nous ont permis de contrôler le travail de l'excellent éditeur Vilelmus Lundström (Vpsaliae-Lipsiae, 1902), dont nous avons adopté les sigles. A son *Conspectus siglorum* nous avons cependant ajouté *M* (*Hamiltonensis olim 184, nunc Morganensis 139*), manuscrit datant de 1469, collationné par Harrison Boyd Ash pour son édition de 1930, et désigné par le sigle *oe* dans l'étude de Å. Josephson cités plus haut.

A partir de l'*Editio princeps*, publiée à Venise en 1472, par Nicolas Jenson (*Rei rusticae scriptores, Cato, Terentius Varro, Columella et Palladius Rusticus*, Venetiis, 1472), les éditions ont été dans l'ordre chronologique : *Opera agricolationum, Columellae, Varronis Catonisque*

*necnon Palladii*, par Ph. Beroald, Bononiae, 1494;
l'*Editio Aldina* : *Libri de re rustica M. Catonis Liber
unus, M. Terentii Varronis Libri III, L. Juni Moderati
Columellae Libri XIII, Palladii Libri XIV*, par Jucun-
dus Veronensis, Venetiis, 1514; *Scriptores rei rusticae
ueteres Latini* : *Cato, Varro, Columella, Palladius*, par
J.-M. Gesner, Lipsiae, 1735; *Poetae latini minores*,
vol. VI, par J.-Ch. Wernsdorf, Helmstadt, 1794 (cf.
*Poetae latini minores* de la collection Lemaire, t. VII,
Paris, 1826, avec notes en latin); *Scriptores rei rusticae
ueteres Latini*, par J. G. Schneider, Lipsiae, 1794-1797;
*L. Iuni Moderati Columellae opera quae exstant*, par V.
Lundström, Vpsaliae, 1897-1940; le fascicule VI, conte-
nant le livre X, a paru en 1902; *Corpus poetarum lati-
norum*, vol. II, par J. P. Postgate, London, 1905; *L.
Iuni Moderati Columellae rei rusticae liber decimus de
cultu hortorum*, par Harrison Boyd Ash, Philadelphia,
1930 (édition critique très riche, avec traduction en
anglais et commentaire copieux); *Il libro X di Columella*,
par A. Santoro, Bari, 1946 (inférieure à la précédente,
que l'auteur n'a pas connue; pas d'apparat critique;
introduction sommaire; mais commentaire souvent per-
tinent, et traduction en italien); *Lucius Iunius Mode-
ratus Columella on agriculture and trees*, vol. III (livres X-
XII), par E. S. Forster-E. H. Heffner, London-Cambridge, 1955 (suit de près Lundström et ne connaît que
deux manuscrits des humanistes du xv<sup>e</sup> siècle; traduction anglaise souvent précise).

En dehors des traductions anglaises de H. B. Ash
et de Forster-Heffner, et de la traduction italienne de
A. Santoro, citons trois traductions françaises : de
Cl. Cotereau, revue par J. Thierry (Paris, 1556); de
Saboureux de la Bonnetterie, dans la collection Nisard
(Paris, 1844), élégante et très libre; de L. Dubois, *L'éco-
nomie rurale de Columelle*, vol. III, dans la collection

Panckoucke (Paris, 1845), qui se croit plus fidèle et plus précise que la précédente[1].

Une thèse pour le doctorat d'université, plus littéraire que philologique, a été présentée par Lizzie B. Marshall sur *L'horticulture antique et le poème de Columelle* (Paris-Londres, 1918). Enfin j'ai souvent rouvert, pour composer cet ouvrage, le mémoire présenté à la Faculté des Lettres de Dijon, pour le diplôme d'études supérieures, en juin 1943, par un travailleur très consciencieux, Pierre Langlois, aujourd'hui maître assistant à l'École pratique des Hautes Études.

Jacques André a bien voulu accepter d'être mon réviseur ; s'agissant d'un texte où la botanique et la couleur tiennent tant de place, je ne pouvais pas souhaiter meilleur secours ; et je l'en remercie très affectueusement.

V. *Conclusion : pour une réhabilitation de Columelle.*

J'ai le périlleux honneur de donner dans la collection G. Budé la première édition-traduction-commentaire d'un texte agronomique. Puis-je souhaiter que mon travail déclenche la publication des autres livres de Columelle, de Caton, de Varron et de Palladius, et une mise au point générale de nos connaissances sur l'économie rurale des anciens?

Puis-je souhaiter aussi qu'il concoure à la réhabilitation de Columelle, délaissé par les savants français et maltraité par la critique littéraire? D. Nisard, obsédé par son dessein d'atteindre Hugo et les romantiques à travers « les poètes latins de la décadence », l'a exécuté dédaigneusement : « Le bon Columelle, prosateur assez pur, eut le tort de croire que Virgile lui avait laissé, comme un legs d'héritier, l'obligation de remplir les

---

1. Quelques passages du livre X ont été traduits en français par M. Rat, dans son *Anthologie des poètes latins*, t. II, Paris (coll. Garnier), 1936 : v. 1-5, 127-139, 169-173, 179-193, 200-219, 298-302, 351-356, 378-399, 413-418 423-432 ; et les vers 225-311, par R. Schilling dans ses *Printemps romains* (*op. cit.*), p. 43-46.

lacunes des *Géorgiques*... Il fut poète comme on est exécuteur testamentaire[1]. » Dans sa thèse latine sur la vie et l'œuvre de Columelle, V. Barberet concède qu'il rappelle les *Géorgiques* par la facture et l'élégance de la versification, mais lui reproche de manquer d'inspiration : « Il n'a pas vu ce qu'il y avait de beau, de charmant et de vraiment poétique dans son sujet[2]. » R. Pichon met le livre X au-dessus du reste, mais trouve que l'auteur « reste bien au-dessous de son modèle, se bornant, en vers comme en prose, à des préceptes techniques fort monotones. Il a cependant quelques jolis vers descriptifs[3] ». F. Plessis n'est pas plus chaleureux : « Les vers de Columelle sont des vers didactiques, sans beaucoup de poésie, du moins simples et naturels, et rachetant çà et là par quelque grâce la froideur des préceptes techniques[4]. »

C'est seulement en 1964 qu'une voix[5] s'est élevée pour plaider la cause du « bon Columelle », de « l'officier-poète[6] », et pour louer la générosité d'un talent sensible à la générosité de la terre. Il y a bonhomie, bonté et même tendresse dans l'émotion qu'il éprouve dans son jardin, comme dans le cœur aimant de Jocelyn, curé de campagne :

> ...................... « Je descends,
> Dans mon jardin trempé par les froides ondées,
> Visiter un moment mes plantes inondées :
> Je remarque à mes pieds si les bourgeons en pleurs
> Ont de mes perce-neige épanoui les fleurs ;
> Je relève sous l'eau les tiges abattues,
> Je secoue au soleil les cœurs de mes laitues,
> J'appelle par leur nom mes arbres en chemin,
> Je touche avec amour leurs branches de la main ;

1. D. Nisard, *Poètes latins de la décadence*, II, Paris, 1834, p. 167.
2. V. Barberet, *De Columellae vita et scriptis*, Nancy, 1887, p. 48-50.
3. R. Pichon, *Histoire de la littérature latine*, Paris, 1908, p. 483-484.
4. F. Plessis, *La poésie latine*, Paris, 1909, p. 520.
5. Celle de L. Dallinges, *art. cit.*, p. 148.
6. Sarcasmes de D. Nisard (*loc. cit.*) et de M. Rat (*op. cit.*, p. 51).

Comme de vieux amis de cœur je les aborde,
Car dans l'isolement mon âme, qui déborde
De ce besoin d'aimer, sa vie et son tourment,
Au monde végétal s'unit par sentiment[1]. »

Au reste, l'audace était belle de maintenir à Rome la
poésie scientifique illustrée par deux réussites : le *De
natura rerum* de Lucrèce et les *Géorgiques* de Virgile :
au $I^{er}$ siècle, la tentative de Columelle rejoignait celles
d'Ovide dans les *Halieutiques*, de Manilius dans les *Astronomiques*, et de Grattius Faliscus dans les *Cynégé-
tiques*. D'autre part, cet Espagnol, épris de réalisme et de
chaudes couleurs[2], annonçait deux autres Espagnols,
Lucain et Martial.

---

1. Lamartine, *Jocelyn*, 9e époque, v. 40-54.
2. « Un jardin à mes yeux est un vaste tableau. » Cet alexandrin
est de l'abbé Delille, auteur des *Jardins*. Mais entre Columelle et
Delille il y a deux différences : 1° le jardin de Delille est un parc, un
paysage organisé par un architecte, habile créateur et héritier de
l'*ars topiaria* des anciens ; le jardin productif de Columelle, légumier
et fleuriste, offre spontanément aux regards ses jeux de couleurs ;
d'un côté, compromis entre l'art et la nature ; de l'autre, force de la
nature ; 2° Delille, sensible aux couleurs, mais à « l'art industrieux »
de les adoucir en les conciliant, demande que le vert du peuplier
combatte celui du chêne, qu'un arbre mitoyen les concilie entre eux
et, qu'à l'instar de Vernet, on éteigne l'antipathie de deux teintes
ennemies (cf. R. Mauzi, *Delille, peintre, philosophe et poète dans les
Jardins*, dans *Delille est-il mort?*, Clermont-Ferrand, 1967, p. 177-188) ;
Columelle, Espagnol, aime les couleurs vives qui s'opposent et se
font valoir.

# CONSPECTVS SIGLORVM

$S$ = Saogermanensis Petropolitanus 207, nunc Leninopolitanus Ms. Lat. 1 ; saec. IX.

$A$ = Ambrosianus L 85 sup. ; saec. IX.

$R$ = consensus codicum recentiorum uel omnium praeter eos
qui separatim exhibentur ; saec. XV.

$a$ = Laurentianus plut. 53, 32.

$b$ = Bibl. Brer. Mediol. A. D. XV, 4.

$c$ = Caesenas Malatestianus plut. 24, 2.

$d$ = Laurentianus Conu. Suppr. 285.

$g$ = Vallicellianus E 39.

$k$ = Laurentianus plut. 53, 24.

$l$ = Lipsiensis, Bibl. comm. rep. I f. 13.

$m$ = Venetus Marcianus 462.

$p$ = Laurentianus plut. 53, 27.

$q$ = Laurentianus plut. 91, 6 inf.

$r$ = Vaticanus Lat. 1525.

$s$ = Laurentianus Strozz. 69.

$t$ = Bononiensis Bibl. univ. 2523.

$u$ = Vaticanus Urbinas Lat. 260.

$\upsilon$ = Vaticanus Lat. 1526.

$\omega$ = Vaticanus Lat. 1524.

$y$ = Vaticanus Lat. 1527.

$\mu$ = Mosquensis Demidovianus nunc deperditus. Lectiones reddidit Lundström e collatione C. Fr.
Matthaei (Lect. Mosq., vol. I, Lipsiae, 1779).

$M$ = Hamiltonensis olim 184, nunc Morganensis 139.
Lectiones reddidit Harrison Boyd Ash.

# COLUMELLE

## DE L'AGRICULTURE

### LIVRE X

#### (DE L'HORTICULTURE)

Reçois, Silvinus, le petit reliquat de la rente que tu m'avais fait promettre de te verser. Car par les neuf livres précédents j'avais payé ma dette, excepté cette portion, et j'achève à présent de m'acquitter. Reste donc l'horticulture, jadis somnolente et délaissée par les agriculteurs d'autrefois, aujourd'hui peut-être la plus répandue des cultures. En effet, chez les anciens, régnait une frugalité plus parcimonieuse, mais les pauvres gens usaient d'une plus grande variété de mets : l'abondance du lait et la chair du gibier ou des animaux domestiques, comme l'eau et le blé, nourrissaient les gens du plus haut rang et les plus humbles. 2 Mais bientôt, lorsque l'âge suivant et surtout le nôtre ont fixé pour les mets des prix exorbitants, et que les repas ne sont plus estimés d'après la satisfaction des besoins naturels mais d'après la richesse dépensée, la plèbe indigente, écartée des nourritures trop chères, est réduite à une alimentation commune. 3 Aussi la culture des jardins, dont les produits sont d'un usage plus général, doit

# L. IVNI MODERATI COLVMELLAE

## REI RVSTICAE

### LIBER DECIMVS

#### (DE CVLTV HORTORVM)

1 Faenoris tui, Siluine, quod stipulanti spoponde-
ram tibi, reliquam pensiunculam percipe. Nam su-
perioribus nouem libris hac minus parte debitum,
quod nunc persoluo, reddideram. Superest ergo
cultus hortorum segnis ac neglectus quondam uete-
ribus agricolis, nunc uel celeberrimus. Siquidem
cum parcior apud priscos esset frugalitas, largior
tamen pauperibus fuit usus epularum lactis copia
ferinaeque ac domesticarum pecudum carne, uelut
aqua frumentoque, summis atque humillimis uictum
tolerantibus. 2 Mox cum sequens et praecipue
nostra aetas dapibus libidinosa pretia constituerit, ce-
naeque non naturalibus desideriis, sed censibus
aestimentur, plebeia paupertas summota pretio-
sioribus cibis ad uulgares compellitur. 3 Quare
cultus hortorum, quorum fructus magis in usu est, dili-

L. Iuni Moderati Columellę rei rusticae lib. X explicit. incipit de
uillaticis pastionibus liber secundus macellarius et apiarius *SA*.
Praefatio. 1 faenoris *S* : fe — *AR* ‖ hac *S* : ac *AR* ‖ segnis ac *S* :
segnis et μ signis ac *A* segnis *M* insigniter *Ald. Gesner* ‖ ferinaeque
*Lundström Ash* : ferineque *S Aak* ferinaque *R Ald. Gesner Schneider
Postgate Forster-Heffner* ‖ carne *S* (*supra uersum*) *AR* : om. *Haüssner.*
2 libidinosa *S* : — se *A Haüssner Postgate* — sis *R Gesner* ‖ naturalibus *R* : — lius *SA*. 3 quorum *S* : qm̃ *A* quoniam *Haüssner Postgate
Ash* quoniam et *R Ald. Gesner* quorum iam *Lundström.*

être enseignée par nous avec plus de soin que ne l'ont fait nos anciens ; et j'aurais, comme je l'avais décidé, ajouté cet ouvrage, en prose, à mes essais précédents, si tes sollicitations réitérées ne l'avaient pas emporté sur mon dessein en me déterminant à compléter sur le rythme de la poésie les parties qui ont été omises dans le poème des *Géorgiques*, et dont Virgile d'ailleurs avait dit lui-même qu'il laissait à la postérité le soin de les traiter. En effet nous n'aurions pas eu cette audace sans la volonté du poète le plus vénérable : 4 à son instigation quasi divine nous avons abordé, lentement sans doute à cause de la difficulté de la tâche, mais non sans espoir d'un heureux succès, une matière tout à fait indigente et presque inconsistante, si mince que, dans l'ensemble de l'ouvrage complet, elle peut compter pour une infime partie de notre besogne, et que, prise en soi et, pour ainsi dire, enfermée dans ses frontières, elle n'offre aux regards rien d'admirable ; en effet, bien qu'elle comprenne en quelque sorte plusieurs membres dont nous pouvons avoir quelque chose à dire, ils sont néanmoins si grêles que, suivant le dicton grec, il est impossible de faire une corde avec d'insaisissables grains de sable. 5 Aussi le fruit de nos veilles, quel qu'il soit, loin de prétendre pour lui seul à une louange spéciale, sera satisfait s'il ne déshonore pas mes précédents écrits. Mais terminons ici notre préface.

gentius nobis, quam tradidere maiores, praecipiendus est ; isque, sicut institueram, prorsa oratione
prioribus subnecteretur exordiis, nisi propositum
meum expugnasset frequens postulatio tua, quae
praecepit ut poeticis numeris explerem Georgici
carminis omissas partis, quas tamen et ipse Vergilius
significauerat posteris se memorandas relinquere.
Neque enim aliter istud nobis fuerat audendum, quam
ex uoluntate uatis maxime uenerandi, 4 cuius
quasi numine instigante pigre sine dubio propter
difficultatem operis, uerumtamen non sine spe pros-
peri successus adgressi sumus tenuem admodum et
paene uiduatam corpore materiam, quae tam exilis
est, ut in consummatione quidem totius operis
adnumerari ueluti particula possit laboris nostri,
per se uero et quasi suis finibus terminata nullo
modo speciose conspici. Nam etsi multa sunt eius
quasi membra, de quibus aliquid possumus effari,
tamen eadem tam exigua sunt, ut, quod aiunt
Graeci, ex incomprehensibili paruitate harenae funis
effici non possit. 5 Quare quicquid est istud,
quod elucubrauimus, adeo propriam sibi laudem
non uindicat, ut boni consulat, si non sit dedecori
prius editis a me scriptorum monumentis. Sed iam
praefari desinamus.

3 tradidere *S A R* : tradedere μ tradiderunt *Ald. Gesner Schneider
Forster-Heffner.* ‖ praecipiendus est isque *SR* : praecipiendus isque *A* ‖
prorsa *Lundström Ash* : prorsus *S A* prosa *R Ald. Gesner Schneider
Forster-Heffner* ‖ ora⁺ione prioribus om. *S A* ‖ praecepit *Haüssner
Lundström Ash* : precepit *S A* peruicit *R Ald. Gesner Schneider Postgate* ‖ posteris se *S A* : — ris post se *bmstvM* — ris ut post se *qu* ut
post se *cd* ‖ memorandas *S A* : — da *bcptμ* commemoranda *dmqsv*
4 instigante *R* : castigante *S A* ‖ ueluti *Schneider Lundström* : uelut
in *Sabm* uelut In *A* uelut *cdqM Ald.* ‖ speciose *S* : — si *A* spetiose
*abdm* spetiosi μ. ‖ 5 adeo *S A* : om. *Ald.* ideo *R.*

Je vais, Silvinus, t'enseigner aussi l'horticulture et
les préceptes que Virgile nous a laissé le soin de traiter
après lui, lorsque, jadis prisonnier d'étroites frontières,
il chantait les riantes moissons, les présents de Bacchus,
et toi, grande Palès, et le miel, don céleste.

5　　D'abord, si l'on veut un jardin riche en variétés,
l'emplacement doit en être fourni par un terrain gras
dont les mottes sont désagrégées, la surface meuble,
et qui, bêché, imite la friabilité du sable ; apte aussi
est le fonds qui se couvre d'un gazon luxuriant et dont
10　le sol humide produit les baies rougeâtres de l'hièble.
Car un terrain sec ne convient pas, ni celui qui, baigné
d'eau stagnante, endure sans cesse les criailleries de la
grenouille plaintive. Apte encore est le fonds qui spontanément fait croître des ormes feuillus, qui aime les
lambruches vierges, qui a plaisir à se hérisser des buis-
15　sons du poirier sauvage, ou à se charger des fruits pier-
reux du prunier, et qui se couvre d'une jonchée de pommes
venues sans culture ; mais il refuse les ellébores et le
*carbasum* dont le jus est toxique, il ne supporte pas les ifs
et n'exsude pas de violents poisons, bien qu'il permette
20　de pousser et de fleurir à la mandragore, moitié d'homme
et plante qui rend fou, ainsi qu'à la sinistre ciguë, aux
férules cruelles pour les mains, à la ronce dont les lanières
maltraitent les jambes et au paliure armé de piquants
acérés. Il faut aussi, à proximité, des eaux courantes,
pour que le rude habitant de l'endroit puisse les amener
25　au secours de ses jardins toujours assoiffés, ou bien qu'une

Hortorum quoque te cultus, Siluine, docebo,                1
atque ea quae quondam spatiis exclusus iniquis,
cum caneret laetas segetes et munera Bacchi,
et te, magna Pales, necnon caelestia mella,
Vergilius nobis post se memoranda reliquit.               5
Principio sedem numeroso praebeat horto
pinguis ager putris glebae resolutaque terga
qui gerit, et fossus gracilis imitatur harenas,
atque habilis natura soli, quae gramine laeto
parturit, et rutilas ebuli creat uuida bacas.            10
Nam neque sicca placet, nec quae stagnata palude
perpetitur querulae semper conuicia ranae.
Tum quae sponte sua frondosas educat ulmos
palmitibusque feris laetatur, et aspera siluis
achradis, aut pruni lapidosis obruta pomis               15
gaudet, et iniussi consternitur ubere mali ;
sed negat elleboros, et noxia carbasa suco,
nec patitur taxos, nec strenua toxica sudat,
quamuis semihominis uesano gramine feta
mandragorae pariat flores maestamque cicutam             20
nec manibus mitis ferulas nec cruribus aequa
terga rubi spinisque ferat paliuron acutis.
Vicini quoque sint amnes, quos incola durus
attrahat auxilio semper sitientibus hortis,
aut fons inlacrimet putei non sede profunda,             25

---

Versus 7 putris glebae *SAR Lundström Ash* : putris glebas *cdq*
putres glebas *abkmps Wernsdorf Forster-Heffner* ‖ terga *R* : terra
*SAμ* ‖ 9 atque habilis *om. A* ‖ 10 uuida *SAR* : uirida *cs* uiuida *M* ‖
11 nec quae *R* : nec *A* sed nec *S* neque *M* ‖ 15 achradis *S Lundström*
*Ash Forster-Heffner* : acradis *a* acharadis (*in marg.* achradis) *bd*
aclaradis *A* (*in marg.* arcadis) achrados *Ald. Gesner Wernsdorf* ‖
16 inussi *M* : — sa *SA* — su *R* ‖ 17 negat *SR* : — cat *Aμ* ‖ carbasa *S Lundström* : carbas ia *A* carpasa *Haüssner Postgate Ash*
*Forster-Heffner* galbana *b* ‖ 19 feta *S* : — tu *R* foetu *A* ‖ 22 terga
*SAR* : texta *Schrader* ‖ rubi spinisque *edd.* : rubis pinisque *S* rubi
spinis quae *A* rubis spinisque *R* rubris spinisque *M*.

source s'écoule dans un bassin peu profond pour ne pas
arracher péniblement les flancs de ceux qui doivent
s'évertuer à y puiser.

Ce terrain doit être clos de murs ou de haies d'épines
pour qu'il soit inaccessible au bétail et au voleur. Ne
cherche pas des œuvres sorties de la main de Dédale
30 et ne te mets pas en peine pour avoir du Polyclète, du
Phradmon ou de l'Agéladas, mais, dans un tronc de
vieil arbre dégrossi au petit bonheur, vénère un divin
Priape au membre terrifiant, qui toujours au milieu
du jardin menace le gamin de son sexe et le maraudeur
de sa faucille.

35    Allons donc à présent, muses de Piérie, tissez d'un
fil ténu le poème du jardinage et le calendrier des semis,
les soins dus aux plants, l'astre sous lequel les fleurs
commencent à éclore et les roseraies de Paestum bou-
tonnent, celui qui voit la fille de Bacchus ou l'arbre
domestiqué, alourdi d'une greffe étrangère, ployer sous
40 des fruits adoptifs.

Dès que le Chien assoiffé aura bu les eaux de l'Océan
et que Titan aura dans sa révolution égalisé les heures,
lorsque l'Automne repu, secouant ses tempes, sali par
le jus des fruits et le moût, pressera les grappes écu-
45 mantes, alors je devrai retourner avec le fer de la bêche
solidement emmanché la terre ameublie, quand battue
par les pluies elle sera détrempée. Mais si, avant d'être
travaillée, elle reste durcie par un temps serein, il faut
commander à des rigoles en pente d'y dévaler, abreuver
la terre d'eau vive et en gorger ses bouches béantes. Si
50 le ciel comme la contrée ne fournissent pas d'eau, et si

ne grauis hausuris tendentibus ilia uellat.
Talis humus uel parietibus uel saepibus hirtis
claudatur, ne sit pecori neu peruia furi.
Neu tibi Daedaliae quaerantur munera dextrae,
nec Polyclitea nec Phradmonis aut Ageladae          30
arte laboretur, sed truncum forte dolatum
arboris antiquae numen uenerare Priapi
terribilis membri, medio qui semper in horto
inguinibus puero, praedoni falce minetur.

Ergo age nunc cultus et tempora quaeque seren-
[dis          35
seminibus, quae cura satis, quo sidere primum
nascantur flores Paestique rosaria gemment,
quo Bacchi genus aut aliena stirpe grauata
mitis adoptatis curuetur frugibus arbos,
Pierides tenui deducite carmine Musae.          40

Oceani sitiens cum iam Canis hauserit undas,
et paribus Titan orbem librauerit horis,
cum satur Autumnus quassans sua tempora pomis
sordidus et musto spumantis exprimet uuas,
tum mihi ferrato uersetur robore palae          45
dulcis humus, si iam pluuiis defessa madebit.
At si cruda manet caelo durata sereno,
tum iussi ueniant decliui tramite riui,
terra bibat fontis et hiantia compleat ora.
Quod si nec caeli nec campi competit humor,          50

---

26 hausuris *SbAsh* : ausuris *am* hausturis *dgtM* haustris *cp* ‖ 27 hirtis
*R* : hitis *SA* ‖ 29 daedaliae *edd.* : dedaliae *SR* dealię *A* ‖ 30 polyclitea
*akqtμ* : policlytea *SA* polycletea *m* policlitea *bcs* policletea *M* ‖ phradmonis *edd.* : fradmonis *p* fragmonis *SktM* phragmonis *Abcmqsμ* phragi-
nonis *a* ‖ 37 paestique *edd.* : pestique *bcdkmq* festi *A* festaque *S* festi
quoque *a* ‖ 38 bacchi *R* : bachi *SmM* ‖ 44 sordidus *SAb* : — didis *m*
— dibus *dkvMAld.* ‖ 46 si *om. S* ‖ defessa *SAad Lundström Ash Forster-
Heffner* : — fossa *RAld. Gesner Wernsdorf* ‖ madebit *SR*: — deuit *A*
— descit *Gesner* — descet *Schrader.*

la nature du lieu ou Jupiter refusent la pluie, il faut
attendre l'hiver, jusqu'à ce que les feux gnossiens de
Bacchus disparaissent dans l'étendue azurée, au pôle du
firmament, et que les filles d'Atlas craignent de voir le
soleil se lever en face d'elles.

55     Et dès que Phébus ne se fie plus à la sûreté de l'Olympe,
mais évite en tremblant les pinces et les dards cruels du
Scorpion pour chevaucher hâtivement la croupe de
Crotus, alors, peuple ignorant de votre origine, n'épar-
gnez pas celle qu'on nomme à tort votre mère ; c'est elle
qui a engendré l'argile prométhéenne ; mais c'est une
60 autre mère qui nous a enfantés, au temps où le cruel
Neptune submergea la terre, et, bouleversant le fond des
abîmes, terrifia les ondes du Léthé. Alors, pour la première fois, le Tartare vit trembler le roi du Styx, tandis
que les mânes criaient sous le poids de l'océan. Nous,
65 c'est une main féconde qui nous a fait naître, quand le
monde était vide de mortels ; nous, ce sont les rocs
arrachés alors par Deucalion du haut des montagnes qui
nous ont engendrés. Mais voici qu'une tâche plus dure
et sans fin vous appelle ; hardi ! chassez maintenant le
sommeil paresseux et, avec la charrue au soc incurvé,
70 commencez à trancher la verte chevelure de la terre,
commencez à déchirer ses vêtements. Toi, transperce
avec les lourds hoyaux les mottes résistantes ; toi, arrache
du fond avec les larges marres les entrailles maternelles,
sans hésiter, et expose-les, toutes chaudes et mêlées au
gazon qui les couvre, pour qu'elles restent offertes à la
75 brûlure des gelées blanches, à la froidure cinglante et à
la colère du Caurus, pour que l'impétueux Borée les
resserre et que l'Eurus les désagrège.

ingeniumque loci uel Iuppiter abnegat imbrem,
exspectetur hiemps, dum Bacchi Gnosius ardor
aequore caerul*eo ce*letur uertice mundi,
solis et aduersos metuant Atlantides ortus.
Atque ubi iam tuto necdum confisus Olympo          55
sed trepidus profugit chelas et spicula Phoebus
dira Nep*ae* tergoque Croti festinat equino,
nescia plebs generis matri ne parcite falsae.
Ista Prometheae genetrix fuit altera cretae ;
altera nos enixa parens, quo tempore saeuos          60
tellurem ponto mersit Neptunus, et imum
concutiens barathrum Lethaeas terruit undas.
Tumque semel Stygium regem uidere trementem
Tartara, cum pelagi streperent sub pondere Manes.
Nos fecunda manus uiduo mortalibus orbe          65
progenerat, nos abrupt*ae* tum montibus altis
Deucalioneae cautes peperere. Sed ecce
durior aeternusque uocat labor : eia age segnis
pellite nunc somnos, et curui uomere dentis
iam uiridis lacerate comas, iam scindite amictus.  70
Tu grauibus rastris cunctantia perfode terga,
tu penitus latis eradere uiscera marris
ne dubita, et summo fer*u*entia cespite mixta
ponere, quae canis iaceant urenda pruinis,
uerberibus gelidis ir*ae*que obnoxia Cauri,          75
alliget ut saeuus Boreas Eurusque resoluat.

**52** hiemps *SAm* : hyemps *dqs* hyems *c* ‖ gnosius *dµM* : noxius *SAR* ‖
caeruleo celetur *edd.* : caeruletur *S* ceruletur *Adk* celeretur *R* celeriter µ ‖ **57** nepae *edd.* : nepe *pr* nepet *bms* negat *SAakµM* ‖ croti *S* :
eroti *AR* erote *M* ‖ **59** prometheae *R* : — thei *SA* ‖ **60** altera nos
enixa *R* : altera noxe nixa *S* alter axae nisa *A* ‖ **66** abrupt*ae edd.* :
— pte *bd* — pto *M* — ptis µ — p*ę*tū *S* ‖ **72** marris *k* : matris *SAR* ‖
**73** feruentia *Gesner Lundström Ash* : frementia *S* frequentia *AMAld.*
frequenti *bm* frondenti *Schneider* ‖ **75** iaceant *edd.* : iaceantur *S* iacent
*AR* ‖ **76** cauri *edd.* : chauri *SR* hauri *A.*

Ensuite, quand le clair Zéphyr aura dégelé de sa brise
tiède l'engourdissement des froids venus de l'hiver
riphéen, quand la Lyre se retirera du pôle étoilé pour se
plonger dans les profondeurs de l'océan, et que l'hiron-
80 delle dans son nid chantera l'arrivée du printemps, alors
il faut que la terre affamée soit rassasiée de marne grasse,
ou de ferme crottin d'âne, ou de fumier de gros bétail,
par le jardinier portant lui-même des corbeilles rompues
par leur charge ; qu'il n'ait pas honte de donner en pâture
85 à la terre nouvellement labourée tout ce que les latrines
vomissent par leurs immondes égouts. Qu'il attaque de
nouveau avec la pointe du hoyau la surface de la terre
meuble que les pluies ont déjà resserrée et que les gelées
ont durcie. Ensuite, qu'il émiette avec soin, en même
temps que les mottes, les herbes vivaces du gazon avec
la dent de la marre ou du hoyau coudé, pour que le sein
90 de la terre amollie s'ouvre au bon moment. Qu'il em-
poigne aussi les sarcloirs que le frottement du sol fait
resplendir, qu'il trace des rayons étroits perpendicu-
laires à l'allée, et qu'il les coupe à leur tour par un sen-
tier secondaire.

Mais dès que la terre, nettement compartimentée et
95 peignée, brillera, débarrassée de saletés, et réclamera
son dû de semences, alors parez-la d'une floraison multicolore, constellations de la terre, de nivéoles blanches
et de soucis aux yeux jaunes, de narcisses chevelus et
de gueules-de-lion sauvagement béantes, de lis verts
100 au blanc calice, et aussi d'iris neigeux ou bleus. Plantez
encore des violiers, ceux qui rampant à terre ont des
fleurs pâles et ceux dont les tiges feuillues ont des fleurs

Post ubi Riphaeae torpentia frigora brumae
candidus aprica Zephyrus regelauerit aura
sidereoque polo cedet Lyra mersa profundo,
ueris et aduentum nidis canta*b*it hirundo,                    80
rudere tum pingui, solido uel stercore aselli,
armentiue fimo saturet ieiunia terrae
ipse ferens holitor diruptos pondere qualos,
pabula nec pudeat fisso praebere nouali
immundis quaecunque uomit latrina cloacis.            85
Densaque iam pluuiis durataque summa pruinis
aequora dulcis humi repetat mucrone bidentis.
Mox bene cum glebis uiuacem cespitis herbam
contundat marrae uel fracti dente ligonis,
putria maturi soluantur ut ubera campi.                      90
Tunc quoque trita solo splendentia sarcula sumat
angustosque foros aduerso limite ducens,
rursus in obliquum distinguat tramite paruo.
Verum ubi iam puro discrimine pectita tellus
deposito squalore nitens sua semina poscet,               95
pingite tunc uarios, terrestria sidera, flores,
candida leucoia, et flauentia lumina caltae,
narcissique comas, et hiantis saeua leonis
ora feri, calathisque uirentia lilia canis,
nec non uel niueos uel caeruleos hyacinthos.         100
Tum quae pallet humi, quae frondens purpurat auro,

---

**80** cantabit *Postgate Ash* : — tauit *S A R Lundström* ‖ **83** diruptos *S A Lundström Ash* : diductos *a Ald. Wernsdorf* deductos
*R* ‖ qualos *R* : quales *Sbms* quata *A* ‖ **84** fisso *S Ab Lundström*
*Ash* : fesso *mM Ald. Gesner Schneider Wernsdorf* ‖ **86** pluuiis *S* :
puluis *A R* puluuis *d* ‖ **88** uiuacem *R* : uiuacū *S* uiua cum *A* ‖ **89** fracti
*codd.* : frangat *Wernsdorf* tracti *Gesner* ‖ **91** sumat *edd.* : sumant *S R*
summant *A* ‖ **95** poscet *codd. Lundström Ash* : poscit *Ald. Gesner*
*Schneider* ‖ **96** pingite tunc *S* : pingit etunc *A* pingit et in *R Ald.*
pangite *Gesner Wernsdorf Schneider* ‖ **99** calathisque *b* : chalatisque
*S A* calatisque *cµM* ‖ uirentia *codd.* : nitentia *Gesner* ‖ **101** frondens
*R* : — des *S A* ‖ purpurat auro *cp* : — ra tabo *S Absµ* — rattabo *M*
— rat tabo *a* — rat albo *Heinsius* — ra et auro *Ursinus*.

d'un or rutilant, ainsi que la rose trop pudique. Et puis
semez le panax dont les larmes sont un remède, les glau-
cions dont le suc est bon pour la santé, et les pavots
105 qui peuvent enchaîner le sommeil fugitif ; faites venir
de Mégare les semences d'oignons aphrodisiaques, qui
aiguillonnent les hommes et les arment pour attaquer
les belles, ou ceux que Sicca récolte enterrés dans le
sol de Gétulie, et la roquette que l'on sème auprès de
Priape prolifique, pour exciter à l'amour les maris indo-
110 lents. Semez aussi le cerfeuil nain et la chicorée agréable
au palais engourdi, ainsi que la petite laitue au feuillage
abondant et aux tendres nervures, l'ail dont on détache
les caïeux, l'ulpique dont l'odeur se répand loin et les
plantes qu'un habile cuisinier mêle aux fèves après
qu'elles ont séché à la fumée. Semez aussi le panais, et
115 la racine qui vient d'une graine d'Assyrie, et qu'on sert
en tranches avec du lupin bouilli, pour exciter à boire
la bière de Péluse. A la même époque on plante aussi le
câprier qui fournit un condiment bon marché, les aunées
amères et les férules menaçantes ; on sème la menthe
120 aux pousses rampantes, l'aneth dont les fleurs sentent
bon, la rue destinée à relever la saveur de la baie de
Pallas, et la moutarde capable de faire pleurer celui
qui la provoque ; on plante les racines du maceron,
l'oignon qui fait pleurer, l'herbe qui agrémente le goût
125 du lait et qui peut effacer la marque imprimée sur le
front des esclaves fugitifs, d'où le nom grec par lequel

ponatur uiola, et nimium rosa plena pudoris.
Nunc medica panacem lacrima, sucoque salubri
glaucea, et profugos uinctura papauera somnos
spargite, quaeque uiros acuunt armantque puel-
[lis, 105
iam Megaris ueniant genitalia semina bulbi,
et quae Sicca legit Getulis obruta glebis,
et quae frugifero seritur uicina Priapo,
excitet ut Veneri tardos eruca maritos.
Iam breue chaerepolum et torpenti grata palato 110
intiba, iam teneris frondens lactucula fibris
aliaque infractis spicis et olentia late
ulpica quaeque fabis habilis fabrilia miscet.
Iam siser Assyrioque uenit quae semine radix
sectaque praebetur madido sociata lupino, 115
ut Pelusiaci proritet pocula zythi.
Tempore non alio uili quoque salgama merce
Capparis et tristes inulae ferulaeque minaces
plantantur, nec non serpentia gramina mentae
et bene odorati flores sparguntur anethi 120
rutaque Palladiae bacae iutura saporem
seque lacessenti fletum factura sinapis,
atque holeris pulli radix lacrimosaque caepa
ponitur et lactis gustus quae condiat herba,
deletura quidem fronti data signa fugarum, 125

**105** armantque *SAR* : armentque *cdM* animantque *Gesner* ‖ puellis
*SAR Lundström Ash* : puellas *MAld. Gesner Wernsdorf* ‖ **107** legit *SAR* :
iacet *uel* latet *Gesner* ‖ **110** chaerepolum *b Lundström Ash* : cherepo-
lum *S* chae repulum *A* cheropolum *ad* cheropodum *M* cherepolim *c*
chaerophylum *Gesner Wernsdorf Schneider Forster-Heffner* ‖ **111** intiba *SAμ* : intuba *R* ‖ lactucula *R* : et lactula *SAa* ‖ **112** aliaque
*cqM* : aliaquae *S* alliaque *AR* ‖ **114** quae semine *A* : qua semine
*SabmM* quo semina *de* qua semina μ ‖ **118** tristes *edd. plerique* :
— tis *SAR Lundström* ‖ **121** iutura *SAR* : uictura *acAld. Gesner*
uitura *d* ‖ **124** gustus *S¹bc Lundström Ash* : custus *S* gustum *Ald.
Gesner Wernsdorf Schneider* ‖ **125** deletura *SAa* : deiectura *RAld.* ‖
fugarum *p* : — carum *SAR Ald.*

elle signifie cette propriété. Alors on sème aussi le légume qui, abondant sur tout le globe, verdoie aussi
bien pour la plèbe que pour le roi hautain, poussant sa
tige pendant les froids et ses tendrons au printemps :
130 ceux que produit l'antique Cumes sur son rivage herbu ;
ceux des Marrucins ; ceux de Signia sur le mont Lépinus ;
et aussi ceux que produit la fertile Capoue, et les jardins
des gorges de Caudium, et Stabies renommée pour ses
sources, et les campagnes du Vésuve, et la docte Parthé-
nopé, arrosée par les ondes du Sébéthos, et le marais
135 d'eau douce de Pompéi, voisin des salines d'Hercule,
et le Siler qui roule des eaux limpides comme le verre ;
et ceux que procurent les rudes Sabins avec leurs tiges
chargées de pousses, et le lac de Turnus, et les champs
de Tibur abondant en fruits, et la terre du Bruttium, et
Aricie, mère du poireau.
140    Dès que nous avons confié ces semences à la terre
ameublie, nous favorisons la gestation en la travaillant
et la soignant sans cesse, pour que les semences nous
reviennent avec gros intérêt sous forme de moissons.
Première recommandation : amener en abondance des
eaux de source, pour que la soif ne brûle pas le jeune
145 plant après la germination. Mais quand la terre en gésine s'ouvre et se dénoue, quand une progéniture florissante pullule dans le sol maternel, le jardinier diligent
doit procurer par l'arrosage à la première végétation des
pluies mesurées et, armé du fer à deux dents, peigner la
150 terre et détruire dans les sillons l'herbe étouffante. Mais
si les jardins sont situés sur des collines buissonneuses
et s'il n'y a pas de rigoles coulant du haut des bois, il faut

uimque suam idcirco profitetur nomine Graio.
Tum quoque conseritur, toto quae plurima terrae
orbe uirens pariter plebi regique superbo
frigoribus caules et ueri cymata mittit :
quae pariunt ueteres cesposo litore Cumae, 130
quae Marrucini, quae Signia monte Lepino,
pinguis item Capua, et Caudinis faucibus horti,
fontibus et Stabiae celebres et Vesuia rura,
doctaque Parthenope Sebethide roscida lympha,
quae dulcis Pompeia palus uicina salinis 135
Herculeis uitreoque Siler qui defluit amni,
quae duri praebent cymosa stirpe Sabelli,
et Turni lacus et pomosi Tiburis arua,
Bruttia quae tellus et mater Aricia porri.

Haec ubi credidimus resolutae semina terrae, 140
adsiduo grauidam cultu curaque fouemus,
ut redeant nobis cumulato fenore messes.
Et primum moneo largos inducere fontis,
ne sitis exurat concepto semine partum.
At cum feta suos nexus adaperta resoluit, 145
florida cum soboles materno pullulat aruo,
primitiis plantae modicos tum praebeat imbres
sedulus inrorans holitor ferroque bicorni
pectat, et angentem sulcis exterminet herbam.
At si dumosis positi sunt collibus horti 150
nec summo nemoris labuntur uertice riui,

---

**127** conseritur *R* : — sertur *SAM* ‖ **130** cesposo *cq Ald. Wernsdorf
Schneider* : caesposo *Ash Forster-Heffner* caeposo *SAR Haüssner Lundström Postgate* cetoso *dp* ‖ **130** lepino *edd.* : — puno *SAR* — pimo
*dqM* ‖ **132** horti *p* : hortis *Ss* horris *AR* ‖ **133** uesuia *R* : uesbia *S*
uespia *Aa* ‖ **134** sebethide *Ald.* : — thride *SAR* sebeti de *M* ‖
**135** pompeia *R* : rompheia *SAa* ‖ **138** turni *SAR* : turis *Schneider* ‖
**140** resolutae *Sa* : — te *M* — ta *AR* ‖ **145** adaperta *S* : adoperta
*R Ald. Wernsdorf Gesner* adapto *A* ‖ **146** aruo *S* : aluo *AR Ald.
Gesner Wernsdorf* ‖ **151** uertice *R* : cortice *SA*.

au préalable surélever la planche en accumulant les
mottes, pour que la plante s'habitue à un sol poudreux
et sec, et qu'une fois transplantée elle ne redoute pas
les chaleurs assoiffantes.

155　　Bientôt après, quand le prince des constellations et
des troupeaux, qui transporta le fils des nuées Phrixus
et perdit Hellé, sortira sa tête des ondes, la terre nourricière ouvrira son sein et, réclamant des semences déjà
poussées, désirera se marier aux plants qui lui seront
confiés : attention, jardiniers ! car le temps fuit d'un pas
160　silencieux et, sans bruit, l'année tourne. Voici que la
plus bienveillante des mères réclame des enfants : ceux
qu'elle a mis au monde, elle demande à les nourrir, et
elle réclame des rejetons étrangers. Donnez maintenant
à cette mère des êtres à chérir : c'est le moment ; cou-
ronnez-la d'une verdoyante progéniture ; toi, ceins sa
165　chevelure ; toi, dispose ses tresses. Que maintenant le
céleri verdoyant frise la terre florissante ! Que maintenant elle ait plaisir à dénouer la longue chevelure de la
tête du poireau, et que le panais ombrage sa tendre
poitrine ! Que maintenant aussi les plantes odoriférantes,
170　présents exotiques, descendent des sommets siciliens
de l'Hybla où pousse le safran ! Que la marjolaine vienne
de sa terre natale, la joyeuse Canope, et qu'on plante
la myrrhe d'Achaïe, qui imite tes larmes, fille de Cinyras,
mais qui l'emporte sur les essences de myrrhe, et les
175　fleurs qui naissent du lugubre sang d'Ajax injustement
réprouvé, et les immortelles amarantes, et que, les mille
couleurs créées par la nature opulente, le jardinier les
dispose en plants, après les avoir semées en graine. Que

aggere praeposito cumulatis area glebis
emineat, sicco ut consuescat puluere planta,
nec mutata loco sitiens exhorreat aestus.

Mox ubi nubigenae Phrixi nec portitor Helles   155
signorum et pecorum princeps caput efferet undis,
alma sinum tellus iam pandet adultaque poscens
semina depositis cupiet se nubere plantis :
inuigilate, uiri ; tacito nam tempora gressu
diffugiunt nulloque sono conuertitur annus.   160
Flagitat ecce suos genetrix mitissima fetus,
eὶ quos enixa est partus iam quaerit alendos
priuignasque rogat proles. Date nunc sua matri
pignora, tempus adest ; uiridi redimite parentem
progenie, tu cinge comas, tu dissere crinis.   165
Nunc apio uiridi crispetur florida tellus,
nunc capitis porri longo resoluta capillo
laetetur mollemque sinum staphylinus inumbret.
Nunc et odoratae peregrino munere plantae
Sicaniis croceae descendant montibus Hyblae,   170
nataque iam ueniant hilaro samsuca Canopo,
et lacrimas imitata tuas, Cinyreia uirgo,
sed melior stactis ponatur Achaia murra,
et male damnati maesto qui sanguine surgunt
Aeacii flores inmortalesque amaranti.   175
et quos mille parit diues natura colores
disponat plantis holitor, quos semine seuit.

**154** aestus *R* : aestu *SA Haüssner Lundström* ‖ **157** alma sinum *R* :
arma sinum *M* maxinū *SA* ‖ **158** se nubere *SAa* : denubere *R Wernsdorf Schneider* ‖ **165** comas *SA* : — mam *R Gesner Schneider* ‖ dissere
*codd.* : digere *Wernsdorf Schneider* ‖ **171** hilaro *b* : hylaro *cmM* thi-
laro *S* ‖ samsuca *S* : sampsuca *Schneider* sansuca *R* ‖ **172** cinyreia
*edd.* : cynireia *SR* cynireiaque μ cyniretta *A* ‖ **173** stactis *ap* : tactis
*SAR* in tactis *bcdmqsM* ‖ achaia *SM* : ac haya *c* archaia *A* achaica
*Forster-Heffner* ‖ **175** aeacii *codd.* : aeacidae *Heinsius* (*cf. Ou., Met.,*
X, 215).

maintenant vienne le corambe, bien qu'il soit mauvais
pour les yeux, et vite la laitue dont la saveur est salu-
180 taire, elle qui guérit les dégoûts amers, séquelles d'une
longue maladie. L'une pomme en vert, l'autre porte une
chevelure brune florissante ; l'une et l'autre tirent leur
nom de celui de Caecilius Metellus ; une troisième a la
tête serrée, mais d'une pure blancheur : elle garde le nom
185 de sa patrie, la Cappadoce. Ma compatriote, que Gadès
engendre sur le rivage de Tartessus, a blanches ses
feuilles frisées et blanche sa hampe. Il y a aussi celle que
Chypre fait pousser dans les grasses campagnes de Paphos ; sa chevelure rouge est bien peignée, mais son pied
a la couleur du lait. Autant d'espèces, autant de mo-
190 ments propices pour semer chacune. Le Verseau met en
terre la cécilienne au nouvel an ; le Luperque repique
au mois des Morts celle de Cappadoce. Toi, Mars, plante
aux calendes de ton mois celle de Tartessus ; et toi,
Cythérée, aux calendes de ton mois, celle de Paphos ;
tandis qu'elle le désire et qu'elle demande à s'unir à sa
195 mère qui la désire, et que cette mère s'abàndonne, étendue
sous le sol hospitalier, engendre ; voici pour l'univers la
saison de la génération ; voici que l'amour pousse aux
accouplements ; voici que l'âme du monde est en folie,
possédée par Vénus, et que, poussée par les aiguillons du
désir, elle brûle de procréer et de tout féconder. Voici
200 que le dieu de l'océan, voici que le seigneur des ondes
séduit, l'un sa Téthys, l'autre son Amphitrite ; déjà

Nunc ueniat quamuis oculis inimica corambe,
iamque salutari properet lactuca sapore,
tristia quae releuat longi fastidia morbi.          180
Altera crebra uiret, fusco nitet altera crine,
utraque Caecilii de nomine dicta Metelli ;
tertia, quae spisso sed puro uertice pallet,
haec sua Cappadocae seruat cognomina gentis.
Et mea, quam generant Tartesi litore Gades,          185
candida uibrato discrimine, candida thyrso est.
Cypros item Paphio quam pingui nutrit in aruo,
punicea depexa coma, sed lactea crure est.
Quot facies, totidem sunt tempora quamque serendi.
Caeciliam primo deponit Aquarius anno,          190
Cappadocamque premit ferali mense Lupercus.
Tuque tuis, Mauors, Tartesida pange kalendis,
Tuque tuis Paphien, *Cythereia*, pange kalendis ;
dum cupit et cupidae quaerit se iungere matri
et mater facili mollissima subiacet aruo,          195
ingenera ; nunc sunt genitalia tempora mundi,
nunc amor ad coitus properat, nunc spiritus orbis
bacchatur Veneri stimulisque cupidinis actus
ipse suos adamat partus et fetibus implet.
Nunc pater aequoreus, nunc et regnator aqua-
                                        [rum,   200
ille suam Tethyn, hic polluit Amphitriten,

**178** corambe *Lundström* : coramue *S A R* ‖ **179** sapore *S A* : sopore *R Gesner Wernsdorf* ‖ **181** crebra *codd.* : crispa *Pontedera* ‖
**183** spisso sed *R* : spissos et *S A* ‖ **186** discrimine *S* : — na *A R* ‖
**188** coma sed *R* : comas et *S A* ‖ **193** tuis *Gesner Lundström Forster-
Heffner* : suis *S A R Ash* ‖ paphien cythereia *Schrader* : paphien iterum
*S A R Ash* paphie paphien iam *Gesner Lundström Forster-Heffner* ‖
**195** facili *R Gesner Schneider Postgate Forster-Heffner* : — lis *S A
Lundström Ash* ‖ mollissima *S A* (*cf. v. 160*) : — mo *R* ‖ **199** suos...
partus *Forster-Heffner* : suas... partes *R Ash* suas... partus *S A
Haüssner Lundström* ‖ **201** tethyn *edd.* : thetyn *S* tethin *A* thethim *a* te-
thim *bcdm* thetim *qsμ* ‖ polluit *codd.* : pellicit *Haüssner Forster-Heffner.*

l'une et l'autre ont donné des enfants à leur époux céru-
léen ; voici qu'elles leur ouvrent la mer et la remplissent
de bêtes nageantes. Lui-même le plus grand des dieux,
205 déposant sa foudre, se déguise pour reproduire ses an-
ciennes amours avec la fille d'Acrisius, et il descend dans
le sein de sa mère sous forme de violente averse. Voici
que la mère ne repousse pas l'amour de son fils, et la
terre, enflammée de désir, s'abandonne à ses enlacements. C'est ainsi que les mers, que les montagnes,
qu'en un mot l'univers célèbre le printemps ; c'est ainsi
210 que le désir et l'amour s'allument dans l'esprit des
hommes, des troupeaux et des oiseaux, et qu'ils font
rage dans leurs moelles, jusqu'à ce que Vénus rassasiée
emplisse leurs corps prolifiques, engendre des rejetons
variés et peuple incessamment le monde d'une génération nouvelle, pour qu'il ne s'engourdisse pas dans
un âge sans vie.

215    Mais pourquoi laisser mes chevaux voler à travers
l'éther dans une course effrénée, et ma témérité m'emporter sur une route trop élevée ? Ces chants sont réservés
à celui qu'inspire un dieu plus grand et que le laurier de
Delphes a engagé à connaître l'origine du monde ; au
prêtre des sacrés mystères de la nature et des lois se-
220 crètes du monde céleste ; au poète qu'il entraîne à travers
les chastes sommets du Dindyme, consacrés à Cybèle,
à travers le Cithéron, à travers les hauteurs de Nysa
consacrées à Bacchus, à travers son cher Parnasse, à
travers le silence du bois de Piérie favorable aux Muses,
quand il crie, à la manière des bacchants : Dieu de Délos,
Paean ! Et toi, Euhius, Euhius, Paean ! Moi, qui vaga-

et iam caeruleo partus enixa marito
utraque nunc reserat pontumque natantibus implet.
Maximus ipse deum posito iam fulmine fallax
Acrisioneos ueteres imitatur amores,                    205
inque sinus matris uiolento depluit imbre.
Nec genetrix nati nunc aspernatur amorem,
et patitur nexus flammata cupidine tellus.
Hinc maria, hinc montes, hinc totus denique mundus
uer agit, hinc hominum pecudum uolucrumque cu-
[pido  210
atque amor ignescit menti saeuitque medullis,
dum satiata Venus fecundos compleat artus,
et generet uarias soboles semperque frequentet
prole noua mundum, uacuo ne torpeat aeuo.
Sed quid ego infreno uolitare per aethera cursu  215
passus equos audax sublimi tramite raptor?
Ista canit, maiore deo quem Delphica laurus
impulit ad rerum causas et sacra mouentem
orgia naturae secretaque foedera caeli
extimulat uatem per Dindyma casta Cybeles  220
perque Cithaeronem, Nyseia per iuga Bacchi,
per sua Parnasi, per amica silentia Musis
Pierii nemoris, Bacchea uoce frementem
Delie te Paean, et te Euhie Euhie Paean.

---

**202** caeruleo *SA* : ceruleos *R* cereleos *c* caeruleos *Ald. Cesner* ‖
**203** pontumque *cd* : portumque *SAabmμ* pontiumque *q* ‖ **205** acrisioneos *edd.* : acrisineos *S* acrisionios *R* arisineos *A* ‖ **206** depluit
*SA* : defluit *bcmqsM Schneider* ‖ **208** et *SA Haüssner Lundström* :
sed *R* ‖ **212** fecundos *R* : — dus *SA* ‖ artus *R* : arctus *SA* ‖ **215** cursu
*codd.* : curru *Schrader* ‖ **216** raptor *SAR* : — tos *Ald.* ‖ **220** extimulat *SA* : — let *R Ald. Gesner Wernsdorf* ‖ casta *SA* : castra *R*
*Ald. Gesner Schneider* ‖ **220** dindyma *edd.* : dindima *Sabm* dyndima *c*
didima *M* ‖ **221** nyseia *S* : nysea *M* nyseiaque *a* nysaeiaque *μ* ni-
seiaque *R* nysaeque *Forster-Heffner* ‖ **222** per amica *S* : pnica *A*
per omissa *R Ald.* ‖ **224** et te euhie euhie *Lundström Ash* : et te euie
*Ald. Gesner Wernsdorf Schneider* et ehyie ehye *SR* ete hyie ehye *A*
et hyie ethyie *a* ‖ Paean *edd.* : pean *cdqμ* paen *SAab*.

225 bonde, animé d'un souci moins grave, ma Calliope à
présent me rappelle ; elle m'ordonne de parcourir une
modeste carrière et, avec son concours, de coudre vers à
vers, d'un fil ténu, des chants que puisse lancer en travaillant, sur un rythme scandé par la Muse, l'émondeur
accroché aux arbres du verger, le jardinier dans les
jardins verdoyants.

230   Eh bien ! Pour continuer, semez dans des sillons rapprochés le cresson funeste aux vers invisibles que nourrit
un ventre débilité par une nourriture mal digérée, la
sarriette qui rappelle le goût du thym et de la thymbre,
le concombre et la gourde dont l'un a le cou tendre et
235 l'autre frêle. Plantez le cardon hérissé, qu'Iacchus trouve
doux quand il boit, et Phébus désagréable quand il chante.
Tantôt il monte, ramassé en corymbe violacé ; tantôt il
porte une chevelure verte comme le myrte et courbe le
cou ; tantôt il demeure ouvert ; tantôt il pointe comme
240 une pomme de pin ; tantôt il ressemble à un corbillon
et se hérisse d'épines menaçantes ; quelquefois il est
pâle et ressemble aux acanthes ployées. Ensuite, dès que
le grenadier revêt sa parure de fleurs couleur de sang
(ses fruits mûrissent quand l'enveloppe des grains est
écarlate), c'est le moment de semer les arums ; c'est alors
245 que naissent les fameuses coriandres et la nigelle agréable
au cumin grêle, et que jaillit la baie de l'asperge épineuse,
et la mauve, qui suit le soleil en penchant la tête, et la
plante qui a l'audace d'imiter tes vignes, dieu de Nysa,
et ne craint pas les buissons ; en effet la bryone, en s'éle-

Me mea Calliope cura leuiore uagantem    225
iam reuocat paruoque iubet decurrere gyro,
et secum gracili conectere carmina filo,
quae canat inter opus Musa modulante putator
pendulus arbustis, holitor uiridantibus hortis.

Quare age, quod sequitur, paruo discrimine
                          [sulci  230
spargantur caecis nasturcia dira colubris,
indomito male sana cibo quas educat aluus,
et satureia thymi referens thymbraeque saporem,
et tenero cucumis fragilique cucurbita collo.
Hispida ponatur cinara, quae dulcis Iaccho    235
potanti ueniat nec Phoebo grata canenti.
Haec modo purpureo surgit glomerata corymbo,
murteolo modo crine uiret deflexaque collo
nunc adaperta manet, nunc pinea uertice pungit,
nunc similis calatho spinisque minantibus horret,   240
pallida nonnumquam tortos imitatur acanthos.
Mox ubi sanguineis se floribus induit arbos
Punica, quae rutilo mitescit tegmine grani,
tempus aris satio famosaque tunc coriandra
nascuntur gracilique melantia grata cumino,    245
et baca asparagi spinosa prosilit herba,
et moloche, prono sequitur quae uertice solem,
quaeque tuas audax imitatur, Nysie, uitis,
nec metuit sentis ; nam uepribus improba surgens

**225** cura leuiore *R* : curauerit ore *SA* ‖ **227** conectere *SA* : connec-
*R* ‖ **236** potanti ueniat nec *R* : potati ueiat ne *SA* ‖ **239** adaperta
*SA* : adoperta *R Ald. Gesner* ‖ **240** calatho spinisque *R* : calathos pi-
nis *SA* calcato *M* ‖ minantibus *R* : imitantibus *SA* ‖ **241** acanthos
*edd.* : achanthos *SAbm* achantos *acqμM* ‖ **244** tempus aris satio *cq*
*Schneider Forster-Heffner* : tempus haris satio *SAR Lundström* tunc
raphanis satio *Housman* ‖ **245** cumino *uυ* : camino *SAR* cimeno *p* ‖
**247** moloche *R* : molo hę *S* molo hec *A* meloche *bm* malache *Ald.*
*Gesner Wernsdorf* ‖ solem *a* : molē *SAR*.

250 vant, l'effrontée, hors des épines, enlace les poiriers
sauvages et les aunes indomptables. Alors la plante
dont le nom est grec, comme la lettre voisine de la première, que le poinçon du maître savant imprime dans
la cire, la bette au feuillage vert et au pied blanc est
plantée dans la terre grasse d'un coup de plantoir chaussé
de fer.

255     Et voici que déjà la moisson des fleurs odoriférantes
est imminente ; déjà le printemps rutile ; déjà la mère
nourricière se plaît à émailler ses tempes des productions multicolores de la saison. Déjà les mélilots de
Phrygie émettent leurs feux brillants comme des pierre-
ries, et les plants de violiers ouvrent leurs yeux cligno-
260 tants ; la gueule-de-lion bâille ; la rose, délicatement
rougissante, déplisse ses joues virginales pour rendre
les honneurs dus aux habitants des cieux et mêler dans
les temples son parfum à l'encens de Saba. Maintenant
je vous prie, Achéloïdes, compagnes des Muses Péga-
siennes, et vous, chœurs ménaliens des Dryades et
nymphes Napéennes, qui habitez le bois de l'Amphryse,
265 la vallée thessalienne de Tempé, les sommets du Cyllène,
les campagnes du Lycée ombragé et les antres où ruis-
sellent sans cesse les eaux de Castalie, et vous qui avez
cueilli en Sicile les fleurs de l'Halaesus, au temps où la
fille de Cérès, captivée par vos danses, a coupé des lis
270 en fleurs dans la plaine d'Henna, et fut enlevée ; puis
épousée par le souverain du Léthé, elle préféra les ombres
lugubres aux constellations, le Tartare au ciel, Pluton
à Jupiter, la mort à la vie, et maintenant elle est la reine

achrad*a*s indomitasque bryonias alligat alnos.    250
Nomine tum Graio, ceu littera proxima primae
pangitur in cera docti mucrone magistri,
sic et humo pingui ferratae cuspidis ictu
deprimitur folio uiridis, pede candida beta.
Quin et odoratis messis iam floribus instat,    255
iam uer purpureum, iam uersicoloribus anni
fetibus alma parens pingi sua tempora gaudet.
Iam Phrygiae lot*i* gemmantia lumina promunt,
et coniuentis oculos uiolaria soluunt;
oscitat et leo, et ingenuo confusa rubore    260
uirgineas adaperta genas rosa praebet honores
caelitibus templisque Sabaeum miscet odorem.
Nunc uos Pegasidum comites Acheloidas oro
Maenaliosque choros Dryadum nymphasque Napaeas,
quae   colitis   nemus   Amphrysi,   quae   Thessala
                                        [Tempe,    265
quae iuga Cyllenes et opaci rura Lycaei
antraque Castaliis semper rorantia guttis,
et quae Sicanii flores legistis Halaesi,
cum Cereris proles uestris inte*n*ta choreis
aequoris Hennaei uernantia lilia carpsit    270
raptaque Lethaei coniunx mox facta tyranni
sideribus tristis umbras et Tartara caelo
praeposuit Ditemque Ioui letumque saluti

---

**250** achradas *Ursinus* : — dos *SdM Ald. Gesner* archados *AR* ‖ alligat *S*[1] : — gant *SA* — git *a* ‖ **256** anni *R* : annus *SAa* annis *cqμM* ‖
**257** pingi *S*[1] *Lundström Ash Forster-Heffner* : pium gi *SA* cingi *R*
*Ald. Gesner Wernsdorf Schneider* ‖ **258** phrygiae *edd.* : phrygie *R* hrygię
*SA* ‖ loti *Ald.* : lotę *SR* lotae *A* ‖ gemmantia *SR* : geminantia *Aacdqs* ‖
**261** adaperta *SAR Lundström Ash* : adoperta *mM Ald. Gesner* ‖
praebet *ap Ald. Gesner Wernsdorf Schnei`er Ash Forster-Heffner* :
prestet *SARM* praestet *Haüssner Lundström* praestat *Postgate* ‖
**262** odorem *R* : honorem *SAμ* ‖ **265** amphrysii *S* : am phryssii *A* am-
phryssi *adqμ* amphrissi *bcms* amphrisi *p* ‖ **267** castaliis *R* : castali is
*d* castallis *M* casis *SA* ‖ **269** proles *R* : flores *SA* ‖ intenta *edd.* :
intecta *SAR* ‖ **272** umbras *SR* : imbres *Aaμ*.

Proserpine, maîtresse du royaume infernal ; vous aussi,
275 maintenant, laissez là votre deuil et votre affliction
craintive ; ici tournez d'un pas léger vos pieds délicats
et disposez la chevelure de la terre dans vos corbeilles
sacrées. D'ici point d'embûches tendues aux nymphes,
point de rapt ; nous honorons la chaste Fides et les Pé-
280 nates sacrés. Tout est plein de jeux, plein d'éclats de rire
insouciants, plein de vin pur, et les festins battent leur
plein dans les riantes prairies. C'est maintenant la tié-
deur printanière ; c'est maintenant la plus douce saison,
tandis que Phébus est dans l'âge tendre, qu'il invite à
s'allonger sur l'herbe tendre, et qu'il est agréable de boire
285 l'eau des sources, qui fuit dans le gazon babillard, ni
congelée, ni chauffée par le soleil. Maintenant le jardin
se couronne des fleurs chères à Dioné ; maintenant la
rose s'épanouit, plus éclatante que la pourpre de Sarra.
La fille de Latone, Phébé, et son visage vermeil ne
rayonnent pas autant lorsque Borée chasse les nuages ;
290 les feux de Sirius n'étincellent pas autant, ni Pyroïs
rougeoyant, ni le visage resplendissant d'Hespérus,
quand il reparaît, Lucifer, au lever de l'aurore, et la
fille de Thaumas ne luit pas avec son arc dans le firmament autant que les brillantes productions des jardins
riants les illuminent. Eh bien ! quand l'étoile du matin
295 se lève, dès la fin de la nuit, ou que Phébus plonge ses
chevaux dans l'abîme d'Ibérie, cueillez la marjolaine là
où elle tisse une bordure d'ombrages odoriférants, les
fleurs du narcisse et du grenadier sauvage. Et toi, pour
qu'Alexis ne méprise pas les richesses de Corydon,
Naïade plus belle toi-même que ce bel enfant, porte

et nunc inferno potitur Proserpina regno ;
uos quoque iam posito luctu maestoque timore     275
huc facili gressu teneras aduertite plantas
tellurisque comas sacris aptate canistris.
Hinc nullae insidiae nymphis, non ulla rapina,
casta Fides nobis colitur sanctique Penates.
Omnia plena iocis, securo plena cachinno,         280
plena mero laetisque uirent conuiuia pratis.
Nunc uer egelidum, nunc est mollissimus annus,
dum Phoebus tener, ac tenera decumbere in herba
suadet, et arguto fugientis gramine fontis
nec rigidos potare iuuat, nec sole tepentis.      285
Iamque Dionaeis redimitur floribus hortus,
iam rosa mitescit Sarrano clarior ostro.
Nec tam nubifugo Borea Latonia Phoebe
purpureo radiat uultu, nec Sirius ardor
sic micat, aut rutilus Pyrois, aut ore corusco    290
Hesperus, Eoo remeat cum Lucifer ortu,
nec tam sidereo fulget Thaumantias arcu,
quam nitidis hilares conlucent fetibus horti.
Quare age uel iubare exorto iam nocte suprema,
uel dum Phoebus equos in gurgite mersat Hibero,   295
sicubi odoratas praetexit amaracus umbras,
carpite narcissique comas sterilisque balausti.
Et tu, ne Corydonis opes despernat Alexis,
formoso Nais puero formosior ipsa

---

**276** aduertite *p* : auertite *S A R* a uertice *bcmq* auertice *M* ‖ **278** hinc
*S A Lundström Ash Forster-Heffner* : hic *R Wernsdorf Schneider* ‖
**281** uirent *S A R* : iurent *M* uigent *Schneider Forster-Heffner* ‖ **282** uer
egelidum *edd.* : uere gelidum *S A* uer est gelidum *R* ‖ **283** tener ac
tenera *edd.* : tener atenera *M* tenerans tenera *S A* tenerus tenera *bs* ‖
decumbere *a* : decumbit *S A R* ‖ **286** hortus *R* : herbis *S A* ‖ **288**
phoebe *edd.* : phoobe *R* pobe *S A* ‖ **290** rutilus *dμ* : — lius *S A* — lis *acq*
— bus *bms* ‖ **292** fulget *S R* : fulgeat *μ* fuget *A* ‖ **295** dum *S¹A* : cum *R*
*Ald. Gesner Wernsdorf Schneider* ‖ **297** balausti *d* : balausio *S A* balausi
*R* palausi *a* ‖ **298** tu ne *p* : tunc *S A R* ‖ **299** formoso *Sa* : — sa *AR*.

300 dans tes corbeilles la violette, lie avec le daphné les
baumes mélangés au ligustre noir et les grappes du
safran ; arrose-les avec le pur jus de Bacchus ; car Bacchus relève la senteur des parfums. Et vous, campagnards, qui cueillez d'un pouce endurci les tendres
305 fleurs, c'est le moment : dans votre panier tressé avec
l'osier blanc entassez les jacinthes foncées ; c'est le moment : que la rose distende les fibres de jonc entortillés ;
que le souci couleur de feu bourre la corbeille à la faire
éclater, pour que Vertumne s'enrichisse de marchan-
dises printanières, et que, d'un pas titubant, après
310 d'abondantes libations, le portefaix revienne de la ville
chargé de monnaie, les poches remplies.

Mais lorsque les épis mûrs doreront la moisson, que
Titan, traversant la constellation des Gémeaux, aura
prolongé la durée du jour et consumé de ses feux les
pattes du Cancer lernéen, alors unissez l'ail à l'oignon,
le pavot de Cérès à l'aneth, et, pendant qu'ils sont verts,
315 portez-les en bottes au marché, et, quand vous aurez tout
vendu, dites et redites les louanges de Fors Fortuna,
et vite revenez à vos riants jardins. C'est aussi le moment
de fouler et de tasser avec les rouleaux pesants la jachère
nouvellement labourée et arrosée où l'on aura semé du
basilic, pour empêcher que dans le sol réduit en poussière
320 la chaleur ne brûle les graines ou que le minuscule puceron, en s'y insinuant, ne les attaque de sa dent, ou que la
fourmi pillarde ne puisse dévaster les semis. Le limaçon
enveloppé dans sa coquille et la chenille velue ne sont
pas seuls à oser ronger les tendres feuillages, mais quand
325 la tige déjà forte du chou jaunissant prend de l'embon-

fer calathis uiolam et nigro permixta ligustro    300
balsama cum casia nectens croceosque corymbos
sparge mero Bacchi ; nam Bacchus condit odores.
Et uos, agrestes, duro qui pollice mollis
demetitis flores, cano iam uimine textum
sirpiculum ferrugineis cumulate hyacinthis.    305
Iam rosa distendat contorti stamina iunci,
pressaque flammeola rumpatur fiscina calta,
mercibus ut uernis diues Vortumnus abundet,
et titubante gradu multo madefactus Iaccho
aere sinus gerulus plenos grauis urbe reportet.    310
    Sed cum maturis flauebit messis aristis
atque diem gemino Titan extenderit astro,
hauserit et flammis Lernaei brachia Cancri,
alia tunc caepis, Cereale papauer anetho
iungite, dumque uirent, nexos deferte maniplos    315
et celebres Fortis Fortunae dicite laudes
mercibus exactis hilarisque recurrite in hortos.
Tunc quoque proscisso riguoque inspersa nouali
ocima comprimite et grauibus densate cylindris,
exurat sata ne resoluti pulueris aestus,    320
paruulus aut pulex inrepens dente lacessat,
neu formica rapax populari semina possit.
Nec solum teneras audent erodere frondes
implicitus conchae limax hirsutaque campe,
sed cum iam ualido pinguescit lurida caule    325

---

**304** cano iam *R* : canolā *SA* cauo iam *M* ‖ **305** sirpiculum *a* :
surpiculum *SAR* ‖ cumulate *a* : comulate *R* tumulat *SA* ‖ **306** contorti *R* : contorto *SAμ* cum torti *M* ‖ **308** uortumnus *edd.* : uer-
tumnus *t* portunus *SAR* ‖ **312** extenderit *AR* : expenderit *S* ‖
**314** alia *SA Postgate* : allia *R Lundström Ash Forster-Heffner* ‖ tunc
*SA* : cum *R¹Ald. Gesner Wernsdorf Schneider* ‖ **315** deferte *Sbcmq* :
deforte *A* offerte *a* afferte *d* adferte *μ* ‖ **318** tunc *S* : tum *AR Ald.* ‖
**319** ocima *SAR* : ocia *a* ozyma *Ald.* ‖ densate *SR* : densatque *A* ‖
**320** aestus *SA* : estu *R* ‖ **324** campe *R* : — pi *SA* ‖ **325** pinguescit *SA*
*Lundström Ash* : turgescit *R Ald. Gesner Wernsdorf Schneider* turescit *μ*.

point, que les cardes pâles de la bette sont gonflées, que
le jardinier, sans inquiétude, se réjouit de voir ses mar-
chandises bien venues et qu'il s'apprête à donner de la
serpette dans ses plants déjà bons à récolter, souvent
Jupiter lance sauvagement de brutales averses, criblant
330 de grêle les travaux des hommes et des bœufs ; souvent
aussi il y porte la dévastation par de lourds abats d'eau,
d'où naissent les pyrales, ennemies de Bacchus et des
saules verdâtres, et la chenille rampant à travers les
jardins ; en les parcourant, elle détruit les semis par sa
335 morsure brûlante ; leur tête étant dépouillée de sa chevelure et leur cime décapitée, ils gisent, mutilés et con-
sumés par le funeste poison. Pour que les campagnards
n'aient pas à souffrir de ces fléaux, l'expérience et ses
enseignements variés, ainsi que le travail, ont d'eux-
mêmes montré de nouveaux remèdes aux malheureux
cultivateurs, et leur maître : le besoin leur a enseigné les
340 moyens de calmer la fureur des vents et de détourner
les intempéries par des rites toscans. De là vient que,
pour empêcher la malfaisante Rubigo de brûler les
plantes quand elles sont vertes, on l'apaise avec le sang
et les entrailles d'un jeune chien qui tette encore. De là
345 vient que le Tyrrhénien Tagès fixa, dit-on, à la limite de
son champ, la tête écorchée d'un ânon d'Arcadie ; et
que Tarchon, pour détourner la foudre du grand Jupiter,
entoura souvent son domaine de bryones. De là vient
que le fils d'Amythaon, qui apprit beaucoup de Chiron,
350 suspendit à des croix des oiseaux de nuit et empêcha leurs
chants sinistres de gémir en haut des toits. Mais, pour que

brassica cumque tument pallentia robora betae
mercibus atque holitor gaudet securus adultis
et iam maturis quaerit supponere falcem,
saepe ferus duros iaculatur Iuppiter imbres,
grandine dilapidans hominumque boumque labo-
[res ;   330
saepe etiam grauidis inrorat pestifer undis,
e quibus infestae Baccho glaucisque salictis
nascuntur uolucres serpitque eruca per hortos,
quos super ingrediens exurit semina morsu,
quae capitis uiduata comas spoliataque nudo    335
uertice trunca iacent tristi consumpta ueneno.
Haec ne ruricolae paterentur monstra, salutis
ipsa nouas artis uaria experientia rerum
et labor ostendit miseris ususque magister
tradidit agricolis uentos sedare furentis    340
et tempestatem Tuscis auertere sacris.
Hinc mala Rubigo uiridis ne torreat herbas,
sanguine lactentis catuli placatur et extis.
Hinc caput Arcadici nudum cute fertur aselli
Tyrrhenus fixisse Tages in limite ruris,    345
utque Iouis magni prohiberet fulgura Tarchon,
saepe suas sedes praecinxit uitibus albis.
Hinc Amythaonius, docuit quem plurima Chiron,
nocturnas crucibus uolucres suspendit et altis
culminibus uetuit feralia carmina flere.    350

---

**326** robora *R* : — re *SA* ‖ **327** mercibus *codd.* : messibus *Schrader* ‖
**332** e *SAcdμ* : et *abmq* ‖ **334** quos *aμ* : quo *SAcdqM* quod *bm* ‖
**335** comas *Sa Lundström Ash Forster-Heffner* : — mis *A Haüssner*
— ma *R* ‖ **343** lactentis *d* : — tantis *SAabm* latentis *cM* ‖ catuli *R* :
— lis *SA* ‖ **345** limite *SA* : limine *R* ‖ ruris *R* : rursus *SA* ‖ **346** fulgura *SR Lundström Ash* : — gora *A* — mina *Ald. Wernsdorf Schneider
Forster-Heffner* ‖ tarchon *R* : — cho *S* — cha *A* ‖ **347** praecinxit
*SAR* : praetinxit *μ* percinxit *Ald.* ‖ **348** amythaonius *edd.* : amitao-
nius *bcdM* aminthanus *S* amyn — *Aμ* amynthanius *a*.

les bêtes néfastes ne mangent pas les jeunes pousses, il
a été parfois salutaire de traiter les semences en les as-
pergeant de marc gras et sans sel, don de Pallas, ou en
les saturant de la suie noire qui se forme dans le foyer.
355 Il fut aussi salutaire d'arroser les plants avec le jus amer
du marrube et de les imprégner abondamment du suc
de l'orpin. Mais si aucun remède ne réussit à écarter le
fléau, on recourt aux procédés dardaniens, et, nu-pieds,
une femme qui, soumise pour la première fois aux règles
360 normales de sa jeunesse, voit avec honte un sang impur
s'écouler d'elle, et qui, sa ceinture dénouée et sa chevelure dénouée en signe d'affliction, est conduite trois
fois autour des planches et de la haie du jardin. Quand
elle en a fait le tour en marchant, spectacle merveilleux !
365 tout comme un arbre qu'on secoue lâche une averse de
pommes lisses ou de glands enveloppés de leurs bogues,
la chenille roule à terre, le corps entortillé. Ainsi jadis
Iolcos vit le dragon endormi par des incantations magiques tomber de la toison de Phrixus.

Mais voici le moment de détacher les premières ti-
370 gelles des choux, d'arracher les laitues de Tartessus
et de Paphos, et de les lier en bottes avec le céleri et le
poireau à couper. Maintenant aussi la roquette aphrodi-
siaque pousse dans le jardin fécond, maintenant la patience laxative, maintenant les tamiers et la scille ver-
doient spontanément, maintenant la haie croît en se

Sed ne dira nouas segetes animalia carpant,
profuit interdum medicantem semina pingui
Palladia sine fruge salis conspargere amurca,
innataue laris nigra satiare fauilla.
Profuit et plantis latices infundere amaros     355
marruuii multoque se*d*i contingere suco.
At si nulla ualet medicina repellere pestem,
Dardanicae ueniunt artcs nudataque plantas
femina, quae iustis tum demum operata iuuencae
legibus obsceno manat pudibunda cruore,     360
sed resoluta sinus, resoluto maesta capillo,
ter circum areolas et saepem ducitur horti.
Quem cum lustrauit gradiens, mirabile uisu,
non aliter quam decussa pluit arbore nimbus
uel teretis mali uel tectae cortice glandis,     365
uoluitur in terram distorto corpore campe.
Sic quondam magicis sopitum cantibus anguem
uellere Phrixeo delapsum uidit Iolcos.
Sed iam prototomos tempus decidere caules
et Tartesiacos Paphiosque reuellere thyrsos     370
atque apio fasces et secto cingere porro.
Iamque eruca salax fecundo prouenit horto,
lubrica iam lapathos, iam thamni sponte uirescunt

---

**852** semina *SAR* : sanguine *bmq* ‖ **353** conspargere *SAR Lundström
Ash* : — pergere *Ald. Schneider Forster-Heffner* ‖ **354** laris *SAR* : lari
*Postgate* ‖ **356** marruuii *S* : marrubii *R* marrubi *M* marruuit *A* ‖ sedi
*Ald.* : seri *SAR* ‖ **358** dardanicae *SA* : dardaniae *R* ‖ ueniunt *codd.
Lundström Ash* : — niant *Gesner Wernsdorf Schneider Forster-Heffner* ‖
**859** iuuencae *SA Haüssner Lundström Ash Forster-Heffner* : iuuentae
*Ald. Gesner Wernsdorf Schneider Postgate* — te *R* ‖ **361** sinus *R* :
— nius *SA* ‖ **362** horti *SAR* : — tis *bmM* ortis *c* ‖ **363** quem *SA
Haüssner Postgate Ash* : quae *R Ald. Wernsdorf Schneider Lundström
Forster-Heffner* ‖ mirabile *R* : miserabile *SA* ‖ **364** arbore *SA* : ab
arbore *R* ‖ **366** in *SA*µ : ad *R Ald.* ‖ **367** sopitum *R* : sospitum *M*
soticū *SA* ‖ **369** prototomos *Sa* : protomos *A* protocomos *cdqM*µ
prothocomos *bm* ‖ **370** tartesiacos *RA* : partesiacos *S* ‖ **371** apio *R* :
apios *SA* ‖ **372** horto *SR* : orto *c* hortu *A* ortu *Pontedera* ‖ **873** thamni
*S* : thanni *R* thaumi *M* rhamni *Gesner Wernsdorf.*

hérissant des piquants du fragon, ainsi que l'asperge
375 sauvage tout à fait semblable à la pousse filiforme de
l'asperge cultivée ; le pourpier humide protège contre la
soif les rangs des planches et la longue tige du dolique
monte en incommodant l'arroche. Tantôt pendant aux
tonnelles, tantôt comme un serpent sous le soleil d'été,
380 à l'ombre fraîche des herbes, le concombre tordu et la
gourde ventrue se glissent. Chaque espèce a son aspect :
si tu aimes l'espèce allongée, qui est suspendue par
le sommet grêle de sa tête, recueille la graine de son cou
maigre ; si tu préfères celle dont le corps est rond et qui
bedonne exagérément, tu recueilleras la graine au milieu
385 du ventre ; cette espèce-là donnera un fruit propre à
conserver la poix de Narycium ou le miel de l'Hymette
attique, ou un petit seau commode pour contenir l'eau,
ou une cruche pour le vin ; elle apprendra aussi aux enfants à nager dans les cours d'eau. Quant au concombre
390 verdâtre, qui vient pansu et rugueux et qui, comme le
serpent, couvert d'une verdure noueuse, gît sur son ventre
courbé, toujours ramassé sur lui-même, il est malfaisant
et il aggrave les maladies de l'été malsain. Son jus est
fétide, et il est bourré de graines visqueuses. Pour celui
qui, sous une tonnelle, se traîne vers l'eau courante et
395 s'épuise exagérément à la suivre dans sa course, il est
blanc, plus flasque que la mamelle d'une truie qui a mis

et scilla, hirsuto saepes nunc horrida rusco
prodit et asparagi corruda simillima filo 375
umidaque andrach*l*e sitientis protegit ant*es*
et grauis atriplici consurgit longa phaselos.
Tum modo dependens trichilis, modo more ch*e*lydri
sole sub aestiuo gelidas per graminis umbras
intortus cucumis praegnasque cucurbita serpit. 380
Vna neque est illis facies : nam si tibi cordi
longior est, gracili capitis quae uertice pendet,
e tenui collo semen lege ; siue globosi
corporis atque utero nimium quae uasta tumescit,
uentre leges medio ; sobolem dabit illa capacem 385
Naryciae picis aut Actaei mellis Hymetti
aut habilem lymphis hamulam Bacchoue lagoenam,
tum pueros eadem fluuiis innare docebit.
Liuidus at cucumis, grauida qui nascitur aluo
hirtus et ut coluber nodoso gramine tectus 390
uentre cubat flexo semper collectus in orbem,
noxius exacuit morbos aestatis iniquae.
Fetidus hic suco, pingui quoque semine fartus.
At qui sub trichila manantem repit ad undam
labentemque sequens nimium tenuatur amore, 395
candidus, effetae tremebundior ubere porcae,

**374** scilla *d* : scila *c* est illa *S* stila *R* ∥ hirsuto *Sc* : — ta *Ald. Gesner*
tirsuto *abm*μ ∥ **376** andrachle *Lundström Postgate Ash* : andrachię *SAR* ∥
antes *edd.* : — tas *SAR Lundström Ash* — tus *bm* ∥ **377** phaselos *S* :
— lus *R* — dos *A* phagellus *M* ∥ **378** dependens *bcm* : dependes *SAR* ∥
trichilis *Gesner* : trichili *Ald.* triplicis *SA* richili *R* ∥ chelydri *c* : chelidri
*abm* celydri *SA* chelindri *M* cylindri *d* ∥ **380** intortus *S* : — tos *AR* ∥
praegnasque *SA Lundström Ash* : praegnansque *abdm Ald. Schnei-
der Forster-Heffner* ∥ **383** lege siue *R* : lege sine *c* leges iube *SA* ∥
**385** uentre leges *R* : uentreles *SA* ∥ sobolem *S*[1]*R* : subolem *SA Postgate* ∥
**386** aut Actaei *edd.* : aut hactei *R* autaei *SA* ∥ **389** qui *R* : que *SAd* ∥
**393** suco pingui quoque *R* : sucoque et pingui *SA* ∥ **394** trichila
manantem repit *R* : triclea anterepit *SA* ∥ **395** labentemque *SAR* :
laten — *cdM* ∥ nimium *SA Lundström Ash Forster-Heffner* : nimio
*R Ald. Gesner Wernsdorf Schneider* ∥ **396** effetae *R* : et fetae *S* et fete
*A* ∥ ubere *S*[1] : ubore *SA*.

bas, plus mou que le lait qu'on vient de faire cailler et
de verser dans les corbeilles ; il deviendra doux ; dans un
champ bien arrosé il jaunit en se gorgeant d'eau et il
portera remède un jour aux maladies des hommes.

400   Quand le chien d'Érigone, enflammé par le feu d'Hypérion, fait apparaître les fruits des arbres, et que le panier
blanc rempli de mûres ruisselle de leur jus couleur de
sang, c'est le moment de faire descendre la figue précoce
de l'arbre qui donne deux fois l'an ; d'entasser dans les
405   corbeilles les fruits d'Arménie, les prunes qui sont couleur de cire et celles de Damas, ainsi que les fruits que la
Perse barbare avait exportés, armés, dit-on, des poisons
du pays. Mais aujourd'hui le danger de cette offrande
mortelle est mince : ils sont juteux — une ambroisie ! —
ayant oublié leur nocivité. Ce sont aussi les fruits per-
410   siques de petite taille, ainsi appelés du nom de la même
nation, qui se hâtent alors de mûrir. Les plus gros, que
fournit la Gaule, sont à point au bon moment, tandis
que ceux d'Asie viennent tardivement, au moment des
froids. Mais, sous la constellation de l'Arcture malfaisant,
donne l'arbre de Livie, rival des figues de Chalcis et de
415   Chios, ainsi que les Chélidoniennes pourprées, les grasses
Marisques, la *Callistruthis* riante par ses pépins roses, la
figue blanche qui garde la dénomination de la cire blonde,
et, à la même époque, la Libyenne fendue, ainsi que la
Lydienne dont la peau est colorée. Et puis, quand on
s'est acquitté des cérémonies dues au Boiteux, à l'époque
420   où les nuages font leur apparition et les pluies restent
encore suspendues dans le ciel, on sème la rave que
Nursia nous envoie de sa campagne réputée, et le navet
apporté des champs d'Amiterne.

Mais voici qu'Euhius, inquiet pour les raisins mûrs,

mollior infuso calathis modo lacte gelato,
dulcis erit riguoque madescit luteus aruo
et feret auxilium quondam mortalibus aegris.

Cum canis Erigones flagrans Hyperionis aestu    400
arboreos aperit fetus cumulataque moris
candida sanguineo manat fiscella cruore,
tunc praecox bifera descendit ab arbore ficus
Armeniisque et cereolis prunisque Damasci
stipantur calathi et pomis, quae barbara Persis    405
miserat, ut fama est, patriis aemata uenenis.
At nunc expositi paruo discrimine leti
Ambrosios praebent sucos, oblita nocendi.
Quin etiam eiusdem gentis de nomine dicta
exiguo properant mitescere Persica malo.    410
Tempestiua madent quae maxima Gallia donat,
frigoribus pigro ueniunt Asiatica fetu.
At grauis Arcturi sub sidere parturit arbos
Liuia, Chalcidicis et caunis aemula Chiis,
purpureaeque Chelidoniae pinguesque Mariscae    415
et callistruthis, roseo quae semine ridet,
albaque, quae seruat flauae cognomina cerae,
scissa Lybisca simul, picto quoque Lydia tergo.
Quin et Tardipedi sacris iam rite solutis
nube noua seritur, caeli pendentibus undis,    420
gongylis, inlustri mittit quam Nursia campo,
quaeque Amiterninis defertur bunias aruis.

Sed iam maturis nos flagitat anxius uuis

---

**398** erit riguoque *R* : — riguque *S* — regnoque *cd* eri triguque *A* ||
**403** bifera *R* : bifere *SA* || **407** expositi *codd.* : deposito *Schneider* ex
positis *Housman* || **410** persica *codd.* : praecoqua *Wernsdorf* || **412** pigro
*R* : pigri *SAa* || **414** caunis *SAR* : caumis μ cannis *a* canis *bm* ||
**416** callistruthis *edd.* : callistruithis *SA* callisthrutis *bm* callis cruitis
*cd* callischrutis *qu* || **418** lybisca *SAadq* : libisca *bcms* libyssa *Schneider* ||
**421** gongylis *edd.* : congyli *S¹A* congili *S* congilis *R* || **423** anxius
*SR* : anuxius *Aμ* ansius *c.*

nous réclame et nous ordonne de fermer les jardins, objets
425 de nos soins. Nous les fermons et, campagnards dociles
à ton commandement, aimable Iacchus, nous récoltons
avec allégresse tes présents, au milieu des Satyres pétulants et des Pans hybrides, qui agitent leurs bras alanguis
par le vin vieux. Et nous te chantons, dieu du Ménale,
430 Bacchus, Lyaeus ou Lenaeus, en t'appelant sous nos
toits, pour que la cuve bouillonne et que les jarres remplies d'un abondant Falerne laissent en écumant déborder le moût épais.

J'ai assez enseigné, Silvinus, l'horticulture, suivant
435 les préceptes de Maron, ce divin poète qui, osant le
premier ouvrir les sources antiques, a chanté à travers
les villes romaines le poème d'Ascra.

Euhius excultosque iubet claudamus ut hortos.
Claudimus imperioque tuo paremus agrestes,      425
ac metimus laeti tua munera, dulcis Iacche,
inter lasciuos Satyros Panasque biformes,
brachia iactantes uetulo marcentia uino.
Et te Maenalium, te Bacchum teque Lyaeum
Lenaeumque patrem canimus sub tecta uocantes, 430
ferueat ut lacus et multo completa Falerno
exundent pingui spumantia dolia musto.
   Hactenus hortorum cultus, Siluine, docebam,
siderei uatis referens praecepta Maronis,
qui primus ueteres ausus recludere fontis      435
Ascraeum cecinit Romana per oppida carmen.

**424** euhius *edd.* (*cf. v.* 224) : euchios *S A R Lundström Ash* euthios *a* ||
**426** laeti tua *edd.* : laeti ta *S* laeti iam *S¹* leti tua *R* letitia *A* letita *S* ||
**427** panasque *SR* : pansasque *A* partasque *cd* || **431** multo *R Ash* :
musto *S Aμ M Lundström* || **433** hortorum *S¹* : agrorum *S Abcmq*
aruorum *ad Ald. Gesner Wernsdorf.*
   L. iuni moderati columellę rei rusticę cepuricus de cultu hortorum liber undecimus explicit *SA.*

# COMMENTAIRE

Abréviations :

J. André (sans autre indication) = J. André, *Lexique des termes de botanique en latin*, Paris, 1956.

J. André, *Étude*... = J. André, *Étude sur les termes de couleur dans la langue latine*, Paris, 1949.

J. André, *L'alimentation*... = J. André, *L'alimentation et la cuisine à Rome*, Paris, 1961.

Ash = Harrison Boyd Ash, *L. Iuni Moderati Columellae rei rusticae liber decimus*, Philadelphia, 1930.

Du Bois = L. Du Bois, *L'économie rurale de Columelle*, Paris, 1845, vol. III.

Forster-Heffner = E. S. Forster-Ed. H. Heffner, *L. Iuni Moderati Columellae rei rusticae liber decimus*, London-Cambridge, 1955.

Gesner = J. M. Gesner, *Scriptores rei rusticae*, Leipzig, 1735.

Lundström = V. Lundström, *L. Iuni Moderati Columellae opera quae exstant*, vol. VI, Upsala, 1902.

Marshall = L. B. Marshall, *L'horticulture antique et le poème de Columelle*, Paris, 1918.

Saboureux de la Bonnetterie = Saboureux de la Bonnetterie, *Les agronomes latins* (trad. de la coll. Nisard), Paris, 1844.

Santoro = A. Santoro, *Il libro X di Columella*, Bari, 1946.

Schneider = J. G. Schneider, *Scriptores rei rusticae*, Leipzig, 1794, vol. II.

Stettner = Ed. Stettner, *De L. Iunio Moderato Columella Vergilii imitatore*, Trieste, 1894.

Wernsdorf = J. Ch. Wernsdorf, *Poetae latini minores*, Helmstadt, 1794, vol. VI.

PRÉFACE

**§ 1.**

*Siluine* : sur ce personnage à qui Columelle s'adresse au début de chaque livre et qui est mal connu, voir *Introduction*, n. 1.

*Segnis* : emploi qui a parfois surpris, avec un nom de chose ; cf. *insigniter neglectus* (*Ald.*, Gesner) ; il est cependant classique et cicéronien ; cf. *Leg.*, II, 45 : *cultus terrae segnior.*

*lactis... tolerantibus* : la surabondance des ablatifs a embarrassé les érudits ; on peut faire de *copia* et de *carne* des sujets de l'ablatif absolu *tolerantibus* ; *summis atque humillimis* sont alors des datifs d'intérêt ; ou bien *summis atque humillimis* sont les sujets de *tolerantibus*, et *copia*, *carne* sont des ablatifs de moyen. Pour alléger la phrase, Schneider rattachait à *epularum* le groupe *lactis... carne*, avec virgule après *carne*.

**§ 2.**

*mox...* : ces considérations sur le luxe de la table et la montée des prix à l'époque impériale sont vite devenues un lieu commun des satiriques et des moralistes ; cf. J. André, *L'alimentation...*, p. 226-227.

**§ 3.**

*fructus* : Columelle emploie *fruges* pour les fruits des arbres (cf. ci-dessous, v. 39) et *fructus* pour ceux de la terre ; d'après Cic., *Off.*, II, 12 (*frugum fructuumque reliquorum perceptio*), *fructus* était plus général que *fruges* réservé aux fruits de la terre. *Fruges* avait été employé par Virgile (*Georg.*, II, 423) pour les olives ; et par Horace (*Epist.*, I, 16, 9) pour les glands.

*prorsa* : cette forme se trouve ailleurs ; cf. App. crit. ; J. Häussner, *Die handschriftliche...*, p. 21 ; Woelfflin, *Archiv für lat. Lexikog.*, 11, 8 ; Lundström, dans *Eranos*, 4, 181.

*exordiis* : le mot est employé plusieurs fois par Columelle (V, 11, 13 ; VII, 5, 1 ; VII, 12, 1) avec le sens élargi de traité, essai.

*frequens postulatio* : cf. fin du livre précédent.

*ipse Vergilius... relinquere* ; cf. *Georg.*, IV, 147-148 : *Verum haec ipse equidem, spatiis exclusus iniquis, / praetereo, atque aliis post me memoranda relinquo* ; Plin., *N. H.*, XIV, 7 : *uidemus Vergilium praecellentissimum uatem... hortorum dotes fugisse...*

**§ 4.**

*difficultatem operis* : même appréhension que chez Virgile (*Georg.*, III, 289-290), abordant l'élevage des chèvres et des moutons : *Nec sum animi dubius uerbis ea uincere magnum / quam sit et angustis hunc addere rebus honorem.*

*membra* : même métaphore et même opposition entre l'ensemble et les parties composantes pour l'agriculture en général, dans I, *praef.*, 21 : *At ego, cum aut magnitudinem totius rei, quasi quandam uastitatem operis, aut partium eius uelut singulorum membrorum numerum recenseo, uereor ne supremus ante me dies occupet, quam uniuersam disciplinam ruris possim cognoscere.*

*quod aiunt Graeci* : d'après Aristide (II, 309), τὸ ἐκ τῆς ψάμμου σχοινίον πλέκειν.

Vers 1 : vers coulé dans un moule virgilien ; cf. *Georg.*, III, 440 : *morborum quoque te causas et signa docebo.*

**V. 2.** *spatiis exclusus iniquis* : citation de Virgile, *Georg.*, IV, 147.

**V. 3.** *laetas segetes* : chant I des *Géorgiques* (cf. I, 1) ; *munera Bacchi* : chant II des *Géorgiques*.

**V. 4.** *te, magna Pales* : chant III des *Géorgiques* (cf. III, 1) ; *caelestia mella* : chant IV des *Géorgiques* (cf. IV, 1).

**V. 5.** *post se memoranda reliquit* : cf. *Georg.*, IV, 148.

**V. 6.** *principio...* : Columelle ne dit pas s'il pense à l'acquisition d'un terrain ou au choix d'un emplacement dans le domaine. *Numeroso* : plusieurs interprétations ont été proposées ; mais le poème montre que le jardin idéal pour Columelle est celui qui procure une variété de produits et d'agréments. Les qualités énoncées dans les vers suivants sont celles d'un fonds à la fois frais et léger, c'est-à-dire d'une terre maraîchère par excellence.

**V. 7.** *pinguis* : cf. *Georg.*, I, 64 ; *putris glebae* : cf. *Georg.*, I, 44 ; *resolutaque terga* : de même que Virgile (*Georg.*, I, 97 ; II, 236), Columelle désigne par *terga* la surface de la terre (cf. II, 2, 23 ; IV, 14, 1 ; et ci-dessous, v. 71). *Soluere* et *resoluere* sont employés par Virgile (*Georg.*, I, 44) et Columelle (v. 76, 90, 145, 167, 320) pour ce qui désagrège et effrite la terre.

**V. 9.** *gramine* : ce sont les herbes courtes qui tapissent la terre lorsqu'elle reste inculte ou après le repos hivernal ; cf. Verg., *Georg.*, II, 219.

**V. 10.** *ebuli* : l'hièble (*Sambucus Ebulus* L.) est une espèce de sureau à tige herbacée qui porte des baies couleur de sang ; cf. Verg., *Buc.*, X, 27 : *sanguineis ebuli bacis*. Déjà cité par Columelle (II, 2, 20) dans une liste de végétations qui indiquent un sol cultivable : *iuncus, calamus, gramen, trifolium, ebulum, rubi, pruni siluestres*, etc.

**V. 12.** *querulae... ranae* : souvenir de Virgile, *Georg.*, I, 378 : *ueterem in limo ranae cecinere querelam*.

**V. 14.** *palmites* : désignant les sarments de la vigne (cf. Fest., p. 246 : *palmites uitium sarmenta appellantur, quod in modum palmarum humanarum uirgulas quasi digitos edunt*) ; ces vignes sauvages sont les lambruches, appelées *uitis siluestris, agrestis, erratica, fera, labrusca* ; cf. J. André, p. 175.

**V. 15.** *achradis* : poirier sauvage (poirier à feuilles d'amandier) de nom grec ἀχράς, latinisé en *achras* ; cf. VII, 9, 6, et ci-dessous, v. 250 ; J. André, p. 16 ; c'est un arbuste épineux ; d'où *aspera*. *Pruni* : voir note v. 10 ; prunier sauvage (*prunus siluestris*) dont les fruits sont petits et très durs (*lapidosis*).

**V. 17.** *carbasa* : cette graphie de *S* ne doit pas être écartée (cf. App. crit. ; Lundström, *Emend. in Colum.*, dans *Eranos*, IV, 182), bien que le nom grec soit κάρπασον, d'après Dioscoride (*De Venenis*, 13) ; plante toxique non identifiée, sans doute la même que *carpathum* de Plin., XXXII, 58 ; cf. J. André, p. 74.

**V. 18.** *taxos* : sur la nocivité de l'if, voir Verg., *Buc.*, IX, 30 ; *Georg.*, IV, 47 ; Plin., XVI, 50-51.

**V. 19-20.** *mandragorae...* : la mandragore, de la famille des solanées, narcotique et purgative, avait aussi, croyait-on, des propriétés magiques, d'où son nom de *circaeon, circeion*, herbe de Circé : elle pouvait rendre fou ; d'autre part, *semihominis*, parce que les racines ont l'aspect des jambes et du bassin de l'homme ; cf. Plin., XXV, 3 ; voir Ch. B. Randolph, *De mandragora* (Harvard diss., 1905). Cette plante a été décrite par Theophr. (*H. P.*, VI, 2, 9) ; Diosc. (*De Ven.*, IV, 76) ; Plin. (XXV, 147-150).

*cicutam* : la grande ciguë (*Conium maculatum* L.), cf. Plin., XXV, 151 sq. ; elle est *maestam*, parce que son jus était donné en breuvage aux condamnés à mort.

V. 21. *ferulas* : férules cruelles pour les mains des enfants, que les pédagogues corrigeaient en leur administrant des coups de ces baguettes ; cf. Mart., X, 62, 10 (*ferulaeque tristes, sceptra paedagogorum*) ; XIV, 79 ; Iuu., I, 15 (*et nos ergo manus ferulae subduximus*).

V. 22. *terga rubi* : l'identification de la plante (ronce commune), qui égratigne les jambes, est indubitable ; *terga* peut surprendre (cf. correction de Schrader en *texta*, qui désignerait l'entrelacement des ronces en buisson) ; mais le mot désigne dans Verg., *Aen.*, V, 403 et 419, les lanières de cuir du ceste ; cf. *terginum*, Pl., *Pseud.*, 154.

*paliuron* : accusatif grec, pour éviter l'élision de *paliurum* ; du grec παλίουρος ; c'est le paliure, Épine-du-Christ ; cf. Verg., *Buc.*, V, 38 (*spinis surgit paliurus acutis*) ; J. André, p. 234.

V. 23-25. *incola durus...* : cf. Verg., *Georg.*, I, 160 ; IV, 512. Deux modes d'irrigation, canaux branchés sur un cours d'eau et bassins recueillant une eau de source, que trois autres textes distinguent : XI, 3, 8 ; Plin., XIX, 60 ; Pallad., I, 34, 2.

V. 27. *parietibus* : compte pour quatre syllabes, par synizèse. Ailleurs (XI, 3, 2-7) Columelle explique sa préférence pour les haies ; cf. Pallad., I, 34, 4-7.

V. 29. *Daedaliae* : Dédale, architecte et sculpteur légendaire d'Athènes, construisit pour Minos le Labyrinthe ; cf. Plin., VII, 198.

V. 30. *Polyclitea... Phradmonis... Ageladae* : Polyclète, de Sicyone, célèbre sculpteur du ve siècle avant J.-C. Phradmon, son contemporain, d'après Plin., XXXIV, 49. Ageladas, maître réputé de Myron, de Polyclète et de Phidias ; cf. Plin., XXXIV, 55 et 57.

V. 31-34. *Priapi...* : ces attributs et attributions de Priape, dieu des jardins, sont conformes aux témoignages de Tibulle, I, 1, 17-18 (*saeua falce*) ; du *Culex*, 86 (*non arte politus*) ; de la *Copa*, 23-24 (*falce saligna*, ... *uasto inguine terribilis*) ; de Virgile, *Georg.*, IV, 110-111 (*falce saligna*) ; de Martial, III, 68, 9.

V. 35 sq. *ergo age...* : ce mouvement rappelle le prélude des *Géorgiques*, I, 1-5, et I, 63 ; en outre, Columelle annonce un ordre chronologique : fin de l'hiver, premier printemps, printemps, été, automne.

V. 37. *Paestique rosaria* : les roses de Paestum (en Lucanie, sur le golfe de Salerne) étaient réputées pour leur éclat et leur parfum ; cf. Ov., *Met.*, XV, 708 ; Prop., IV, 5, 61 ; Mart., IV, 42, 10 ; Auson., XXII, 2, 11. Elles fleurissaient deux fois l'an, selon Virgile, *Georg.*, IV, 119, et Martial, XII, 31, 3. Des traducteurs ont vu dans *gemment* une métaphore : *shine like gems* (Ash) ; mais *gemma*, qui désigne ailleurs le bourgeon (par exemple l'œil de la vigne), peut être le bouton de la fleur, et *gemmare* est ici technique : boutonner ; *Paestum's rose-beds bud* (Forster-Heffner).

V. 38. *Bacchi genus* : la fille de Bacchus est la vigne, que le dieu a créée et donnée en présent aux mortels ; cf. v. 3 ; 426 (*munera Bacchi*).

**V. 39.** *frugibus* : pour *fructibus* ; voir note *Praef.*, § 3. Sur le sens de *mitis*, opposé à *ferus*, voir Plin., XVI, 78.

**V. 40.** *Pierides* : sur l'origine de cette appellation, voir Hes., *Op.*, 1 ; *Theog.*, 53 sq. ; Virgile l'affectionnait ; cf. *Buc.*, VIII, 63 ; X, 72. Le vers, avec la métaphore empruntée à l'art du tisserand, est imité de Verg., *Buc.*, VI, 5 : *deductum dicere carmen*, et d'Hor., *Epist.*, II, 1, 225 : *tenui deducta poemata filo*.

**V. 41.** *Canis* (ou *Canicula*) : la plus brillante étoile de la constellation du Grand Chien ; date de son coucher dans l'océan : du 24 au 26 septembre ; cf. Dict. Daremberg et Saglio, art. *calendarium*. Le vers suivant se réfère en effet à l'équinoxe d'automne ; cf. XI, 2, 66 : *VIII Kal. Octob. et VII et VI aequinoctium autumnale...*

**V. 42.** *Titan* : le Soleil personnifié, fils du Titan Hypérion ; cf. Verg., *Aen.*, IV, 119 ; Ov., *Met.*, I, 10 ; II, 118 ; VI, 438 ; *Fast.*, I, 617 ; II, 73 ; IV, 180, 919.

**V. 44.** *Autumnus...* : cette évocation de l'Automne barbouillé de moût est un souvenir de celle de Bacchus, dieu du pressoir, dans Verg., *Georg.*, II, 7-8.

**V. 48.** *decliui tramite* : comme dans Verg., *Georg.*, I, 108 (*cliuosi tramitis*), il s'agit des canaux d'irrigation auxquels Columelle a fait allusion plus haut, v. 23-24.

**V. 49.** *ora* : nouvelle personnification de la terre, à la manière de Virgile (*Georg.*, II, 218).

**V. 52.** *Bacchi Gnosius ardor* : périphrase alambiquée qui désigne la Couronne, constellation qui fut placée dans le ciel, après avoir été la couronne donnée par Vénus à Ariane, fille de Minos, roi de Crète, lorsque Bacchus l'épousa. *Gnosius* : de Gnosse, ancienne capitale de Minos ; cf. Verg., *Georg.*, I, 222. Le nom de la constellation était *Corona Gnosia* ou *Borealis*.

**V. 54.** *Atlantides* : comme Virgile (*Georg.*, I, 221-222 : *Ante tibi Eoae Atlantides abscondantur,* / *Gnosiaque ardentis decedat stella coronae*), Columelle place à la même date le coucher vespéral de la Couronne (9 novembre) et le coucher matinal des Atlantides (ou Pléiades : *Atlantides, Pleiades* ou *Vergiliae*) (8 novembre) ; cf. XI, 2, 84 (*VI Id. Nou. Vergiliae mane occidunt, significat tempestatem* ; *hiemat*) ; Plin., II, 125.

**V. 55.** *Olympo* : n'est pas ici la montagne de Thessalie, mais le ciel ; cf. Verg., *Buc.*, VI, 86 ; *Georg.*, III, 223.

**V. 56-57.** *chelas...* : cf. XI, 2, 88 : *XIIII Kal. Dec. sol in Sagittarium transitum facit.* Date : 18 novembre.

*Nepa* : autre nom du Scorpion ; *Crotus* : autre nom du Sagittaire.

**V. 58.** *plebs generis, matri* : la ponctuation adoptée me paraît plus satisfaisante que celle de Haüssner et de Lundström (*nescia plebs, generis matri*).

**V. 59.** *Ista Prometheae...* : Columelle veut dire que si la première race des humains fut tirée par Prométhée de la terre, la race actuelle fut, après le déluge, créée par Deucalion et Pyrrha, en lançant des pierres derrière eux ; cf. Verg., *Georg.*, I, 62-63 ; Ov., *Met.*, I, 318 sq.

**V. 60-64.** *quo tempore...* : évocation du déluge universel qui détruisit la première race des mortels.

**V. 67.** *cautes* : ces rocs n'étaient que des *lapides* chez Virgile (*Georg.*, I, 62) ; Ovide emploie d'abord *lapides* (*Met.*, I, 393, 399), puis *saxa* (400, 411).

**V. 68.** *heia age...* : même brusquerie que chez Virgile (*Georg.*, I, 63), qui passait de l'évocation de la légende de Deucalion à une admonestation aux travailleurs de la terre.

**V. 69.** *curui uomere dentis* : *curui dentis* est un génitif de qualité ; l'épithète *curui* montre que la périphrase ne désigne pas le coutre, mais le soc ; pour l'emploi métaphorique de *dens*, voir Verg., *Georg.*, I, 262 (*uomeris... dentem*).

**V. 70.** *scindite amictus* : cette expression continue la personnification de la terre, en utilisant le verbe technique *scindere* ; cf. Verg., *Georg.*, III, 160 (*scindere terram*) ; Varr., *R. R.*, I, 30, 2 (*terram cum primum arant, proscindere appellant*).

**V. 71.** *cunctantia perfode terga* : cf. Verg., *Georg.*, II, 236-237 (*glaebas cunctantis crassaque terga / exspecta, et ualidis terram proscinde iuuencis*). Pour *terga*, voit note v. 7.

**V. 72.** *marris* : outil mal connu ; le mot *marra* se rencontre rarement ; cf. v. 89. Cependant l'épithète *latis* et la destination de l'outil (émotter la terre) montrent que ce n'est pas une bêche (appelée d'ailleurs *pala* ; cf. v. 45), mais une houe au fer plein, différente du hoyau à dents (*bidens*) ; l'article *marra* du *Dict. antique* Daremberg et Saglio est à rectifier.

**V. 73.** *feruĕntia* : les leçons *frĕmēntĭă* et *frĕquēntĭă* des meilleurs manuscrits donnent un vers faux. La correction de Gesner *fĕruĕntĭă* est excellente : on peut voir fumer les sillons tièdes, quand le soc les tourne et que l'air est froid.

**V. 74.** *urenda* : cf. XI, 3, 13 (*pruinis inurendum*) ; Verg., *Georg.*, II, 259 (*terram excoquere*).

**V. 75.** *Cauri* : vent froid et sec du Nord-Ouest ; cf. Verg., *Georg.*, III, 356 (*semper spirantes frigora Cauri*).

**V. 76.** *Boreas* : vent du Nord, vent de gelée ; *Eurus*, vent tiède de Sud-Est.

**V. 77.** *Riphaeae* : les monts Riphées, en Scythie, qui était alors le grand Nord du monde connu ; cf. Verg., *Georg.*, IV, 518 (*Riphaeis... pruinis*) ; Stettner, p. 23.

**V. 78.** *Zephyrus* : ou *Fauonius*, vent d'Ouest qui apporte le dégel ; cf. Verg., *Georg.*, II, 330 (*Zephyrique tepentibus austris / laxant arua sinus*) ; I, 44 (*Zephyro putris se glaeba resoluit*) ; Hor., *Od.*, I, 4, 1 (*Soluitur acris hiems grata uice ueris et Fauoni*). Date : 7 février ; cf. XI, 2, 15 (*VII Id. Febr. Fauonii spirare incipiunt*) ; VIII, 11, 7 ; ou 46 jours avant l'équinoxe de printemps, d'après Varr., *R. R.*, I, 28, 2. Pour *candidus*, voir Hor., *Od.*, III, 7, 1 : *candidi Fauonii* (au printemps, les vents d'ouest, s'ils sont vifs, nettoient le ciel).

**V. 79.** *Lyra* : nom grec (λύρα) de la constellation dont le nom latin était *Fides-Fidis* ; cf. Varr., *R. R.*, II, 5, 12 ; d'après XI, 2, 14, et Ov., *Fast.*, II, 75 sq., son coucher, commençant le 1er février, était achevé le 3.

**V. 80.** *ueris...* : lieu commun ; cf. Verg., *Georg.*, IV, 307 ; Hor., *Epist.*, I, 7, 13 ; Ov., *Fast.*, II, 853. Mais *nidis* est-il un ablatif local (dans son nid) ou un datif (pour sa nichée)? On opterait pour la seconde interprétation, à cause du pluriel ; mais en Italie l'apparition du printemps précède la naissance des hirondeaux qui se produit en mai pour l'hirondelle de fenêtre et un peu plus tard pour l'hirondelle de cheminée ; cf. XI, 2, 21 : *X Kal. Mart. hirundo aduenit* ; Plin., II, 122.

V. 81. *rudere* : ici *rudus* ne peut pas avoir le sens de gravois, plâtras (cf. Pallad., I, 9, 4), encore que la chaux puisse être un amendement pour certaines terres trop lourdes ; mais l'épithète *pingui* montre qu'il s'agit d'un amendement gras ; on pense à une marne argileuse qui convient aux terres légères, tandis que la marne siliceuse allège les terres compactes.

*Stercore aselli* : cf. XI, 3, 12. En II, 14, 4, Columelle explique pourquoi le crottin d'âne est le meilleur : l'animal mâche lentement et digère bien.

V. 83. *qualos* : le mot est employé par Virgile (*Georg.*, II, 241, *spisso uimine qualos*).

V. 84. *fisso nouali* : la leçon *fesso* (voir App. crit.) ne convient pas à *nouali* (terre nouvellement défrichée), tandis que *findere* se dit du labourage ; cf. Verg., *Aen.*, X, 295 ; Hor., *Od.*, I, 1, 11.

V. 88. *uiuacem cespitis herbam* : voir note v. 9.

V. 89. *fracti ligonis* : les deux outils servant à émotter la terre, *marra* et *ligo* sont ici rapprochés comme *marrae* et *sarcula* dans Iuu., III, 311. *Fracti* signifie que le fer du hoyau est coudé en dedans, tandis que celui de la houe est à peine courbé.

V. 90. *ubera campi* : continue la personnification de la terre ; cf. v. 70 (*comas*), 72 (*uiscera*) ; III, 21, 3. Fin de vers virgilienne ; cf. *Georg.*, II, 184 (*ubere campus*).

V. 91. *trita solo splendentia* : Virgile (*Georg.*, 1, 46) dit cela du soc de la charrue : *sulco adtritus splendescere uomer*.

V. 92. *foros* : convient au quadrillage du jardin compartimenté régulièrement comme l'intérieur de la ruche, les bancs des rameurs ou les sièges d'une salle de spectacle. Sur ce compartimentage, voir XI, 3, 13, où les planches séparées par les allées sont appelées *areae* ; cf. Plin., XIX, 60.

V. 94. *discrimine* : avec *pectita*, fait jeu de mots, désignant la raie que le peigne trace dans la chevelure pour la diviser nettement (*puro*).

V. 95. *semina poscet* : image et fin de vers virgiliennes ; cf. *Georg.*, II, 324 (*semina poscunt*).

V. 96. *pingite* ; cf. Lucr., II, 375 (*pingere telluris gremium*), V, 1396 (*tempora pingebant uiridantis floribus herbas*).

V. 97. *leucoium* (gr. λευϰόιον) : désigne des espèces différentes ; voir J. André, p. 185 ; est-ce la niveole de printemps (*Leucoium uernum*, L.), dont les fleurs sont blanches et qui ressemble au perce-neige? Ou le perce-neige (Forster-Heffner)? ou le violier blanc commun en Italie (J. André)?

*flauentia* : cf. *flammeola calta*, v. 307 ; *flauus* et ses dérivés désignent souvent un jaune ardent, à reflets rouges ; c'est la couleur du souci cultivé. *Lumina* ne convient qu'à des fleurs largement ouvertes.

V. 98. *narcissi comas* : cf. Verg., *Georg.*, IV, 122 : *comantem narcis sum* ; parmi les espèces de narcisses, le narcisse à bouquets, dont les fleurs se présentent en bouquets, se prête à la métaphore de Virgile et de Columelle.

*leo* : nous l'appelons gueule-de-loup (*Antirrhinum majus*, L.) ; voir J. André, p. 183.

**V. 99.** *calathis canis* : se réfère à la forme et à la couleur des fleurs ; *uirentia*, pour H. Boyd Ash, ne se référerait pas à la couleur, mais à la fraîcheur de la fleur ; il est plus simple de penser à la couleur verte de la hampe et des feuilles (Du Bois). La traduction Saboureux de la Bonnetterie : « les lis sous l'éclat desquels blanchissent les corbeilles », est une glose inacceptable.

**V. 100.** *hyacinthos* : le mot désigne différentes plantes à bulbe : jacinthe, iris, glaïeul ; voir J. André, p. 165 ; Pallad., I, 37, 2 (*hyacinthum qui iris uel gladiolus dicitur similitudine foliorum*).

**V. 101-102.** *uiola* : passage qui montre, avec d'autres, que le mot désigne des plantes très nombreuses et très différentes (cf. J. André, p. 330), puisque la première espèce peut être une violette blanche, rampant à terre, et que l'autre, montant en tige et portant des fleurs de couleur or, ne peut pas être une violette, mais probablement une giroflée ; cf. E. de Saint-Denis, *Sur une traduction inédite en alexandrins rimés de la deuxième églogue virgilienne*, dans *Rev. Ét. lat.*, 1963, p. 241.

*rosa plena pudoris* : cf. *Culex*, 399 (*rosa... pudibunda*).

**V. 103.** *medica panacem lacrima* : c'est le panax qui guérit tout (Plin., XXV, 30) ; les larmes de cette ombellifère sont les gouttes de jus qui s'écoulent lorsqu'on coupe la racine ou la tige ; cf. Plin., XII, 127.

**V. 104.** *glaucea* : ce *glauceum*, ou *glaucium* (du gr. γλαύχιον), est, une espèce de pavot cornu à latex jaune de Syrie (J. André, p. 150) très employé en médecine ; cf. Plin., XX, 206 ; XXVII, 83.

*profugos uinctura papauera somnos* : cf. Verg., *Georg.*, I, 78 (*Lethaeo perfusa papauera somno*) ; *Aen.*, IV, 486 (*soporiferumque papauer*).

**V. 106.** *bulbi* : cf. Plin., XIX, 93 (note J. André, p. 131-132) ; au v. 374, il s'agira de la scille officinale ; ici, des muscaris (βολβὸς ἐδώδιμος) dont il existait des variétés siciliennes, grecques et africaines ; cf. J. André, p. 60-61. En XX, 105, Pline loue les bulbes de Mégare comme aphrodisiaques ; cf. Ov., *A. A.*, II, 422.

**V. 107.** *Sicca* : ville de Numidie ; sur ces bulbes gétules,voir Ov., *Rem.*, 797 ; Plin., XIX, 95 (édit. J. André, p. 132-133).

**V. 109.** *eruca* : sur les vertus aphrodisiaques de la roquette, voir Ov., *Rem.*, 799 (*eruca salax*) ; *A. A.*, II, 421-423 ; Cels., IV, 28, 2 ; Mart., X, 48, 10 ; Plin., XIX, 154 ; XX, 126 ; *Moretum*, 85 (*uenerem reuocans eruca morantem*) ; Diosc., II, 140.

**V. 110.** *chaerepolum* (ou *chaerephyllum*, du gr. χαιρέφυλλον ; cf. XI, 3, 14) ou *caerefolium* : le cerfeuil ; *breue*, parce qu'il pousse à ras de terre un feuillage touffu ; cf. Plin., XIX, 170 (voir note J. André, p. 165). A semer en février, avant les calendes de mars, d'après Columelle, XI, 3, 14 ; après les ides de février, d'après Palladius, III, 24, 9.

**V. 111.** *intiba* : la chicorée frisée (cultivée) qui n'est pas notre endive, et qui est différente de l'*intubum erraticum*, chicorée sauvage ; cf.

Verg., *Georg.*, I, 120 (*amaris intiba fibris*) ; Plin., XIX, 129, p. 147.
*lactucula* : ce diminutif de *lactuca* ne paraît pas désigner une espèce de laitue particulière ni le laiteron (*sonchus*), comme l'a suggéré Schneider ; cf. J. André, p. 177.

V. 113. *ulpica* : sorte d'ail à grosse tête, distinct de *alium* (J. André, p. 334).

*fabrilia* : tous les traducteurs entendent nourritures pour les tâcherons ; mais la langue de la gastronomie emploie le mot pour les bulbes ou les raisins conservés à la fumée des forges ; cf. Plin., XIV, 16 ; *Edict. Diocl.*, 6, 92 ; Cael. Aur., *Chron.*, II, 7, 107, etc. ; Apic., VIII, 380 ; J. André, *L'alimentation...*, p. 91.

V. 114. *siser* : chervis? raiponce? J. André (p. 295) objecte que ce n'est pas le chervis, *Sium Sisarum*, L., dont la racine est douce, alors que, d'après Plin., XIX, 90 ; XX, 35, on ne peut manger plus de trois racines de *siser* ; il propose judicieusement : le panais.

*Assyrio... radix* : cette périphrase désigne, semble-t-il, *radix Syriaca* (XI, 3, 16 ; 59) : le raifort de Syrie, d'après J. André, p. 269 ; le même que *raphanus Syriacus*.

V. 116. *zythi* : sur cette bière égyptienne, voir Plin., XXII, 164.

V. 117. *tempore non alio* : début de vers virgilien (*Georg.*, III, 245 ; 531).

V. 118. *capparis* ; cf. XII, 7, 1 (fabrication de condiments).

*tristes inulae* ; cf. Hor., *Sat.*, II, 2, 44 (*acidas inulas*) ; II, 8, 51 (*inulas amaras*) ; Plin., XIX, 91 (*amarior inula per se stomacho inimicissima*).

*ferulaeque minaces* : voir note v. 21.

V. 119. *serpentia gramina mentae* : comme d'autres labiées, la menthe se multiplie par racines courant à fleur de terre.

V. 120. *anethi* : aneth, faux-anis, fenouil-bâtard (*Anethum graueolens*, L.) ; cf. J. André, p. 32.

V. 121. *Palladia baca* est l'olive, consacrée à Pallas Athéné. La rue est aussi mentionnée par Palladius (XII, 22, 5) comme assaisonnement de l'olive.

V. 122. *sinapis* : la moutarde est *mordax* et *lacrimosa*, d'après Serenus Sammonicus (67 ; 588).

V. 123. *holeris pulli* : la même plante que *olus atrum* de XI, 3, 18 ; autres formes *olisatrum*, *olisandrum* ; ainsi appelée parce que ses fruits sont noirs : maceron (*Smyrnium olusatrum*, L.) (J. André, p. 164).

*lacrimosaque caepa* ; cf. Plin., XIX, 101 : *omnibus* (*caepis*) *odor lacrimosus*.

V. 124-126. *herba* : le nom grec de cette plante est λεπίδιον (latinisé en *lepidium* ; cf. Plin., XIX, 166 ; XX, 181), de λεπίς, éruption de la peau ; *lepidium* n'entrerait pas dans l'hexamètre. C'est la grande passerage ; J. André, p. 184. Sur l'emploi en cuisine et en médecine, voir XII, 8, 3 ; Plin., XIX, 166 ; XX, 181 ; Dioscor., II, 225. Sur le traitement des marques imprimées sur le corps des esclaves, voir Mart., X, 56, 6 ; VI, 64, 26.

V. 127 sq. *toto quae plurima...* : cet éloge dithyrambique du chou (*brassica*) fait penser à la place de ce légume dans l'agriculture, la gastronomie et la médecine de Caton. Celui-ci (*Agr.*, 156, 157) a nommé trois espèces ; Pline (XIX, 136-144) a décrit plusieurs variétés ; l'énumération de Columelle est plus riche.

**V. 129.** *caules... cymata* : en XI, 3, 24, Columelle distingue de même *caules* et *cyma* (acc. *cymam*) ; la forme habituelle est *cyma, ae* ; ici, pour les besoins du mètre *cyma, atis*. « Le premier sens attesté (de *cyma*) est celui de tigelle poussant la seconde année et les deux suivantes, au printemps seulement, sur la tige principale de toutes les espèces de chou (les tiges d'été, d'automne et d'hiver s'appellent *cauliculi*) » (J. André, p. 111).

**V. 130.** *quae pariunt... Cumae* : ce chou de Cumes (*brassica Cumana*) est décrit par Pline (XIX, 140) comme ayant la feuille sessile et la tête évasée ; pour toute cette énumération de Pline (XIX, 140-144), voir édition J. André, Paris, Belles Lettres, 1964, p. 151-152.

*cesposo litore* : la leçon *caeposo* est inacceptable : 1° cet adjectif ne se trouve nulle part ; 2° Columelle (XII, 10, 1 sq.) et Pline (XIX, 101 sq.), dans leurs énumérations d'oignons, ne citent pas d'espèce de Cumes.

**V. 131.** *Marrucini* : d'après Plin., XV, 82, le pays des Marrucins (dans l'Italie centrale) était réputé pour ses fruits et ses légumes ; mais le chou des Marrucins ne figure pas dans l'énumération de Plin., XIX, 136 sq.

*Signia* : ville du Latium, au sud-est de Rome, célèbre surtout pour son vin ; aujourd'hui *Segni*. Le nom actuel du mont Lepinus, sur lequel la ville était bâtie, est *Monti Lepini*. Le chou de Signia est absent de l'énumération de Pline.

**V. 132.** *Caudinis faucibus* : Caudium, ville du Samnium voisine de Capoue ; dans le défilé de Caudium l'armée romaine fut défaite pendant la seconde guerre samnite (Liu., IX, 2).

**V. 133.** *Stabiae* : localité de Campanie, proche de Pompéi.

**V. 134.** *Parthenope* : nom ancien de Naples (*Neapolis*) ; cf. Verg., *Georg.*, IV, 564. Appelée aussi *docta* par Mart., V, 78, 14, parce qu'elle était un centre d'études grecques. Le Sébéthus est une petite rivière se jetant dans la baie de Naples, près de la ville ; cf. Stat., *Silu.*, I, 2, 263. Les choux de Caudium, de Stabies et de Naples ne se trouvent pas dans l'énumération de Pline.

**V. 135.** *Pompeia palus* : c'est la plaine marécageuse, baignée par le *Sarnus* (*Sarno*), au pied du Vésuve ; cf. Plin., III, 62. Le chou de Pompéi est aussi dans l'énumération de Pline (XIX, 140) : espèce haute ; tige mince au départ de la racine, plus épaisse à partir des feuilles, qui sont plutôt rares et étroites, mais tendres.

**V. 136.** *salinis Herculeis* : vraisemblablement près d'Herculanum.

*Siler* : cité par Lucain (II, 426), le même que *Silerus* ou *Silarus*, ce fleuve sépare la Campanie de la Lucanie et se jette dans le golfe de Salerne (auj. *Sele*). *Vitreus*, employé souvent pour l'eau transparente ; cf. J. André, *Étude...*, p. 188.

**V. 137.** *duri Sabelli* : cf. v. 23 ; l'épithète n'a rien de péjoratif ; comme dans Virg., *Georg.*, I, 160, elle signifie durs à la peine, rudes travailleurs. D'après Plin., XIX, 141, le chou de Sabine avait les feuilles admirablement frisées et épaisses, un goût très doux. Pour *cymosa* (de *cyma*, tigelle du chou), voir v. 129, note.

V. 138. *Turni lacus* : n'est pas mentionné par les anciens géographes ; pour Gesner ce serait le *lacus Iuturnae* dans le Latium (cf. Seru. *ad Aen.*, XII, 139) ; mais Vibius Sequester (p. 18) cite une rivière de ce nom en Ombrie. Dans Plin., XIX, 141, après correction d'Urlich, on lit : *nuper subiere Lacuturnenses ex conualle Aricina, capite prae-grandes, folio innumeri, alii in orbem collecti, alii in latitudinem torosi* ; Edit. J. André, p. 152.

*pomosi Tiburis* : cf. Prop., IV, 7, 81 ; Hor., *Od.*, I, 7, 13 ; Sil., IV, 224 ; le chou de Tibur n'est pas cité dans l'énumération de Pline.

V. 139. *Bruttia...* : d'après Plin., XIX, 140, le chou du Bruttium a feuilles très grandes, tige mince et saveur piquante.

*Aricia* : village du Latium, au sud-est de Rome ; d'après Plin., XIX, 140, le chou d'Aricie avait une tige basse et des feuilles plus nombreuses que tendres. Le poireau d'Aricie était le plus estimé après ceux d'Égypte et d'Ostie ; cf. Plin., XIX, 110 ; Mart., XIII, 19.

V. 140. *resolutae terrae* : cf. v. 76.

V. 142. *fenore* : métaphore fréquente ; cf. Cic., *C. M.*, 51 ; Ov., *Rem.*, 173-174 ; *A. A.*, II, 513 ; *Fast.*, I, 694 ; Tib., II, 6, 21-22 ; Plin., II, 155.

V. 143. *inducere fontis* : cf. Verg., *Georg.*, I, 106 (*fluuium inducit riuosque sequentis*). Aux vers 23-26, Columelle a distingué deux modes d'irrigation : canaux branchés sur un cours d'eau voisin, et eau de source (*fons*).

V. 145. *feta...* : nouvelle personnification de la terre-mère.

V. 146. *aruo* : la leçon *aluo* (voir App. crit.) serait séduisante, continuant la métaphore amorcée au vers précédent ; cf. *sinum*, v. 157. Mais *aluus* (ventre) est féminin, et *materno aluo* est incorrect.

V. 147. *imbres* : pour les pluies tombant de l'arrosoir, est virgilien ; cf. *Georg.*, IV, 115.

V. 148. *ferro bicorni* : c'est le *bidens*, le hoyau à deux dents ; cf. v. 87.

V. 149. *pectat* : cf. v. 94.

V. 152. *aggere praeposito* : passage difficile. En XI, 3, 10, Columelle dit : *Potest etiam in siccissimis locis opus custodiri, si depressius pasti-netur solum ; eiusque abunde est gradum effodere tribus pedibus, ut in quattuor consurgat regestum.* Et Palladius (I, 34, 2) dit de même : *semper altius tribus uel quattuor pedibus ad pastini similitudinem fodies hortulum, qui sic cultus negligat siccitates.* On ne procède pas autrement, de nos jours, pour les cultures maraîchères dans le sable : on défonce profondément, pour ramener à la surface un sable vierge et frais. Le volume du terrain labouré étant plus considérable, l'en-tassement des mottes retournées (*cumulatis glebis*) est plus haut, et forme *agger* ; Columelle dit *aggere prae posito*, parce que c'est un travail de labour, antérieur aux binage, semis et arrosage (*pastinatio*).

V. 155-156. *signorum et pecorum princeps* : il s'agit du Bélier ; avant d'être constellation, il porta les enfants de Néphélé (la nuée), Phrixus et Hellé, à travers la mer, lorsqu'ils s'enfuirent, condamnés à être sacrifiés pour apaiser une épidémie de peste ; Phrixus fit la traversée jusqu'au bout, mais Hellé, effrayée par le fracas des ondes, lacha prise et tomba dans la mer (Hellespont). Le bélier est le prince du troupeau et le premier (en date) des douze signes du zodiaque. Pour l'apparition de cette constellation (*caput efferet undis*), voir XI, 2, 31 : *X Kal. April. Aries incipit exorii* ; date : 23 mars.

**V. 157.** *sinum tellus iam pandet* : cf. Verg., *Georg.*, II, 331 (*laxant arua sinus*).

**V. 157-158.** *poscens semina* : cf. Verg., *Georg.*, II, 324 (*terrae... genitalia semina poscunt*) ; *plantis* : dans *Georg.*, II, 23, le mot désigne les boutures ; ici, le jeune plant enraciné que l'on transplante et repique.

**V. 159-160.** *tacito... gressu* : lieu commun ; cf. Verg., *Georg.*, III, 284 ; Hor., *Od.*, II, 14, 1 ; Ov., *A. A.*, II, 670 ; *Met.*, X, 519-520 ; *Fast.*, VI, 771 ; *Tr.*, IV, 10, 27. Mais *conuertitur* se réfère au tournant de l'année (ici renouveau).

**V. 162-163.** *et quos...* : Columelle distingue, dans le repiquage, les plants pris dans le jardin et ceux qui viennent d'un autre fonds.

**V. 165.** *comas... crines* : cf. v. 94, 149.

**V. 166.** *apio uiridi* : *apium* est tantôt le persil, tantôt le céleri. Les procédés employés pour faire friser le céleri sont donnés par Columelle (XI, 3, 33), Pline (XIX, 158 ; voir note J. André), Théophraste (*H. P.*, II, 4, 3 ; *C. P.*, V, 6, 7).

**V. 167.** *porri* : sur la culture du poireau, dont on laissait grossir le bulbe sans couper les feuilles (*porrum capitatum*), ou dont on consommait les feuilles qui se renouvelaient après avoir été coupées (*porrum sectile, sectum, sectiuum* ou *tonsile*), voir XI, 3, 30-31 ; Pallad., III, 24, 11-12 ; Plin., XIX, 108-110 ; J. André, p. 259.

**V. 168.** *staphylinus* : cf. IX, 4, 5 (*agrestis pastinaca, et eiusdem nominis edomita, quam Graeci σταφυλῖνον uocant*) ; *pāstĭnāca* n'entrait pas dans l'hexamètre. *Inumbret* convient aussi bien à la carotte qu'au panais ; voir J. André, p. 302 (*staphylinus*) et 240 (*pastinaca*).

**V. 170.** *Hyblae* : le mont Hybla, en Sicile, était célèbre pour ses fleurs et son miel ; cf. Verg., *Buc.*, VII, 37 ; Mart., II, 46, 1 ; Plin., XI, 32. Celse (VI, 6, 25) cite le *crocum Siculum*.

**V. 171.** *samsuca*, du gr. σάμψουχον ; d'après Plin., XXI, 61, cette plante était ainsi nommée par les Syriens et les Égyptiens, et *amaracus* par les Siciliens ; la marjolaine, mais peut-être aussi d'autres plantes odoriférantes ; voir J. André, p. 26 (*amaracus*) ; et p. 280 (*sampsucus Alexandrinus*).

*hilaro Canopo* : sur Canope, ville de plaisirs et de débauche, voir Prop., III, 13, 39 (*incestus*) ; Sil., XI, 431 (*lasciuus*).

**V. 172-173.** *Cinyreia uirgo* : Myrrha, enceinte de son père Cinyras, roi de Chypre, était poursuivie par celui-ci, l'épée à la main ; les dieux la changèrent en arbre d'où découle la myrrhe ; cf. Ov., *Met.*, X, 298-502 ; Hyg., *Fab.*, 58. Sur l'arbre à myrrhe, voir Plin., XII, 66-71. Mais il s'agit ici d'un végétal beaucoup plus humble, probablement le maceron, en grec σμύρνα-σμύρνιον, ou ἱπποσέλινον, en lat. *holusatrum*, dont Pline dit que sa tige donne une larme et que le suc a le goût de la myrrhe (XIX, 163) ; voir J. André, p. 215.

*stactis* : cf. Plin., XIII, 17 (*murra et per se unguentum facit sine oleo, stacte dumtaxat, alioqui nimiam amaritudinem adfert*) ; voir éd. Ernout, p. 72.

**V. 174-175.** *et male...* Aeacii flores : périphrase qui désigne la jacinthe, suivant la légende qui expliquait les initiales d'Ajax AI, sur les pétales de cette fleur : elles rappelaient que la plante était née du sang d'Ajax (petit-fils d'Éaque), lorsqu'il se tua dans un accès de folie, ulcéré de voir les armes d'Achille attribuées par les Grecs à Ulysse ; cf. Ov., *Met.*, XIII, 394 sq. ; Plin., XXI, 66 ; Verg., *Buc.*, III, 106. Une autre légende expliquait αἴ αἴ comme le cri de douleur poussé par Apollon à la mort de son cher Hyacinthus ; cf. Ov., *Met.*, X, 209 sq. ; Plin., XXI, 66 ; Hyg., *Fab.*, 272. Sur la difficulté du mot *hyacinthus*, qui désignait plusieurs plantes à bulbe mal déterminées, jacinthe, glaïeul, etc., voir J. André, p. 165 ; *Étude...*, p. 107.

*immortales amaranti* : le nom de cette fleur, emprunté au gr. ἀμαράντος (qui ne flétrit pas), est glosé par Pline (XXI, 47) : *mireque, postquam defecere cuncti flores, madefactus aqua reuiuescit et hibernas coronas facit* ; *summa natura eius in nomine est, appellati, quoniam non marcescat.*

**V. 178.** *corambe* : leçon excellente, au lieu de *coramue* inintelligible (voir App. crit.) ; la même espèce de chou que *crambe* ; cf. Suidas : κράμβη, κοράμβλη τἰς οὖσα, ἡ ἀμβλύνουσα τὸ διορατικόν ; elle est *oculis inimica* : exactement, mauvaise pour les pupilles (κρόη-ἀμβλύνω).

**V. 179.** *salutari lactuca sapore* : cf. Mart., XI, 52, 5 (*uentri lactuca mouendo utilis*) ; Plin., XIX, 127-128. On attribuait aussi à la laitue une vertu soporifique ; cf. Plin., XIX, 126 ; d'où la leçon *sopore* de *R* (voir App. crit.).

**V. 180.** *longi morbi* : en particulier la longue maladie dont Auguste fut guéri par la laitue ; cf. Plin., XIX, 128.

**V. 181 sq.** *altera... altera...* : sur les espèces de laitue, voir XI, 3, 26-27 : 1° *Caeciliana uiridis coloris et crispi folii*, XI, 3, 26 (fait penser à notre Grosse blonde) ; 2° *Caeciliana fusci coloris*, XI, 3, 26 (notre laitue brune) ; 3° *Cappadoca* (ou *Cappadocia*), cf. XI, 3, 26 : *Cappadocia, quae pallido et pexo densoque folio uiret* ; Plin., XIX, 126, 128 ; 4° *Gaditana* (*mea*, dit Columelle, né à Gadès-Cadix ; *Tartessus-Tartessos*, ville espagnole à l'embouchure du Bétis) ; *candida est et crispissimi folii, ut in prouincia Baetica et finibus Gaditani municipii*, XI, 3, 26 ; 5° *Paphia*, cf. XI, 3, 27 : *Est et Cyprii generis ex albo rubicunda, leui et tenerrimo folio.*

**V. 190.** *Aquarius* : cf. XI, 3, 26 (*Caeciliana mense Ianuario recte disseritur*) ; c'est en janvier que le soleil entre dans le Verseau ; cf. Verg., *Georg.*, III, 304 ; Hor., *Sat.*, I, 1, 36.

**V. 191.** *ferali mense* : février était le mois des *Feralia* (21) et des *Lupercalia* (15) ; cf. XI, 3, 26 : *Cappadocia... mense Februario* (*disseritur*).

**V. 192.** *Tartesida* : cf. XI, 3, 26 : (*Gaditana*) *mense Mart. recte pangitur.*

**V. 193.** *Cythereia* : le vers, tel qu'il est donné dans les manuscrits, est inacceptable ; il ne doit pas cependant être éliminé ; car le poète reprend ici les cinq espèces de laitue qu'il a énumérées plus haut ;

la correction *Cythereia* est satisfaisante ; ce vocatif fait pendant à *Mauors* du vers précédent. Pour la date, voir XI, 3, 27 : *usque in idus Aprilis commode disponitur* (ce qui montre que le vers 193 ne concerne plus Mars).

V. 196. *genitalia tempora mundi* : cf. Lucr., II, 1105 (*mundi tempus genitale*). Ici commence une aimable *retractio* du thème du printemps, souvent traité ; cf. Lucr., I, 1-20 ; Verg., *Georg.*, I, 43 sq. ; II, 323 sq. ; Ov., *Fast.*, I, 151 sq. ; IV, 91 sq. ; Calp., V, 21 sq. ; *Perv. Ven.*, *passim* ; R. Schilling, *Printemps romains*, Paris, 1945.

V. 200. *pater aequoreus* : *Oceanus*, époux de Téthys ; cf. Hes., *Theog.*, 337 ; Ov., *Fast.*, V, 81 (*duxerat Oceanus quondam Titanida Tethyn*).

*regnator aquarum* : Neptune, époux d'Amphitrite ; fin de vers virgilienne ; cf. *Aen.*, VIII, 77.

V. 203. *pontumque natantibus implet* : cf. Verg., *Georg.*, III, 541 (*maris immensi prolem et genus omne natantum*).

V. 205. *Acrisioneos... amores* : Acrisius, roi d'Argos, enferma sa fille Danaé dans une tour, ayant appris d'un oracle que son petit-fils le tuerait ; Jupiter y pénétra sous forme de pluie d'or et rendit Danaé mère de Persée ; cf. Ov., *Met.*, IV, 610 sq.

V. 206 sq. *inque sinus matris...* : cette union printanière du Ciel et de la Terre fait penser à Hes., *Theog.*, 176 sq., et à Lucr., I, 250-251 ; mais surtout à Verg., *Georg.*, II, 325-327.

V. 207. *nati... amorem* : Jupiter était fils de Saturne et de Cybèle (*Terra mater*).

V. 209 sq. *hinc...* : cf. Verg., *Georg.*, III, 242-244.

V. 213-214. *et generet...* : cf. Lucr., I, 18-19 : *omnibus incutiens blandum per pectora amorem / efficis ut cupide generatim saecla propagent.*

V. 215 sq. *sed quid ego...* : rappel à l'ordre et à plus de modestie, comme dans Verg., *Buc.*, VI, 1 sq.

V. 217. *ipse canit...* : le vers a été ponctué de deux façons : virgule après *canit*, ou après *deo* ; mais le sens général est le même.

*Delphica laurus* : c'est-à-dire l'inspiration donnée par Apollon.

V. 218. *rerum causas...* : définition de la grande poésie, scientifique et cosmique ; réminiscence de Verg., *Georg.*, II, 475 sq. ; Stettner, p. 26.

V. 220. *Dindyma* : montagne de Mysie, consacrée à Cybèle.

V. 221. *Cithaeronem* : chaîne séparant la Béotie de la Mégaride et de l'Attique, consacrée à Bacchus et aux Muses.

*Nyseia* : Nysa était une ville (ou une montagne) de l'Inde, lieu de naissance de Bacchus.

V. 222. *per sua Parnasi* : par les hauteurs du Parnasse qui lui appartiennent ; le réfléchi *sua* renvoie au sujet *Delphica laurus* ; le Parnasse (mont de Phocide) était consacré à Apollon et aux Muses.

*per amica silentia Musis* : fin de vers virgilienne ; cf. *per amica silentia lunae* (*Aen.*, II, 255).

V. 224. *Paean* : n'est pas ici Péan, un des noms d'Apollon, mais le cri (cf. *io Paean*), comme le montre la reprise de l'interjection avec *Euhie*, correspondant pour Bacchus au vocatif *Delie* (dieu de Délos, Apollon) ; cf. Soph., *Œd. R.*, 211 ; Eur., *Bacch.*, 157.

V. 225. *Calliope* : n'est qu'une muse, opposée à Apollon, dieu inspirateur du *uates* (v. 220).

V. 227. *gracili... filo* : cf. note v. 40.

V. 228. *putator* : souvenir du *frondator* virgilien (*Buc.*, I, 57), avec addition de l'*holitor*, ce qui permet à Columelle de revenir à son sujet.

V. 231. *nasturcia dira colubris* : le cresson était recommandé par Dioscoride comme remède contre les vers intestinaux (II, 128) ; cf. Plin., XX, 128 : *semen (nasturcii) ex uino omnia intestinorum animalia pellit* ; voir note J. André, p. 168 ; il ne s'agit pas de notre cresson de fontaine, mais du cresson alénois. Ici *cŏlūbrĭs* remplace *lūmbrĭcĭs*, qui est le terme technique ; cf. VI, 25 ; Plin., XXVII, 145.

V. 233. *satureia* : la sarriette, appelée aussi *cunila* (cf. IX, 4, 2 ; IX, 4, 6 ; J. André, p. 282), est une plante aromatique, justement rapprochée du thym (*thymum*) et de la thymbre (*thymbra* : sarriette en tête, *Satureia capitata*, ou *Thymus capitatus* ; cf. J. André, p. 315).

V. 234. *collo* : le concombre et la gourde sont tout en ventre ; d'après les v. 382 sq., Columelle appelle *caput* la partie renflée qui relie le fruit à la tige, et *collum* l'étranglement séparant la tête du ventre.

V. 235. *cinara* : nom grec (κινάρα) du *carduus*, qui désigne soit le chardon, soit le cardon ; cf. XI, 3, 28 ; Plin., XIX, 153 ; XX, 262 (note J. André, p. 217 : « Les indigènes d'Algérie font encore la récolte du cardon sauvage pour en manger la tige et le réceptacle charnu des capitules » (D. Bois, *Les plantes alimentaires*, I, p. 279). L'artichaut, qui en est une forme améliorée par la culture, a été obtenu au XVᵉ siècle par les horticulteurs italiens). La traduction : artichaut (Saboureux de la Bonnetterie, Du Bois, Santoro, Forster-Heffner) est donc fautive ; il s'agit de *Cynara Cardunculus*, L. (Ash) ; cf. J. André, *L'alimentation...*, p. 25-26.

V. 236. *dulcis Iaccho potanti* : c'est la racine de n'importe quel *carduus* qui, bouillie dans l'eau, provoque la soif des buveurs, d'après Plin., XX, 263 (voir note J. André, p. 218).

*nec Phoebo grata canenti* : le jus des chardons, cardons, artichauts, a un goût amer qui irrite la gorge.

V. 237. *purpureo... corymbo* : cf. Plin., XX, 262, *florem purpureum emittit inter medios aculeos, celeriter canescentem et abeuntem cum aura* ; ces *aculei* sont les feuilles épineuses (*folia spinosa, muricatis cacuminibus*), au milieu desquelles la fleur se montre, sous forme d'assemblage très dru (*corymbo*), lorsque ce capitule s'ouvre. Pour la couleur *purpureo*, on sait que le mot désigne des nuances diverses : violet, lilas, rose violacé, rouge ; ici, rose violacé.

V. 237-241. *modo... modo... nunc... nunc... nunc... nonnunquam* : Columelle énumère-t-il six espèces (Marshall, p. 124 ; Ash : « sometimes... sometimes... sometimes... sometimes... sometimes... sometimes... » ; Forster-Heffner : *id.*). Je crois plutôt, avec Santoro, p. 44, qu'il décrit les aspects successifs du cardon : 1° il monte en fleur (v. 237) ; 2° il est encore vert (v. 238) ; 3° ayant fait toute sa poussée, sa tige s'infléchit sous le poids des capitules (v. 238-239) ; 4° ces têtes, érigeant des pointes, ont l'aspect d'une pomme de pin (v. 239) ; 5° elles sont ouvertes comme un calice (v. 240) ; alors les pointes (les *aculei* de Pline, voir note précédente) ont atteint leur complet développement ; 6° le feuillage vert-tendre se couvre d'un duvet blanchâtre ; cf. *canescentem*, de Pline ; alors très découpé et très haut (parfois plus d'un mètre), il est comparable à celui de l'acanthe.

V. 238. *murteolo crine uiret* : le myrte est un arbre toujours vert ; ses fleurs sont blanches ; *crine* désigne donc ici le feuillage (erreur de Gesner et Marshall corrigée par Forster-Heffner) ; cf. J. André, *Étude...*, p. 257. *Murteolus* est une création de Columelle.

V. 241. *tortos acanthos* : l'épithète ne convient qu'au feuillage ; souvenir de Virgile, *Georg.*, IV, 123 : *flexi uimen acanthi*.

V. 242. *se floribus induit* : image virgilienne (*Georg.*, I, 188 ; IV, 142).

V. 244. *haris* : sur les sens de *haros* (*haron*), voir J. André, p. 41 ; ici, semble-t-il, *Arum Colocasia*, L. ; cf. Plin., XIX, 96 ; XXIV, 142 sq.

*famosa coriandra* : le nom de cette plante (κορίανδρον-*coriandrum*) était dérivé de κόρις (punaise), à cause de son odeur ; d'où l'épithète *famosa*.

V. 245. *melantia grata cumino* : Columelle veut dire que les deux plantes font bon ménage, parce qu'elles fournissent des graines ayant une odeur aromatique très forte ; la nigelle (*git, melanthium* ou *melaspermon*, d'après Plin., XX, 182) est appelée vulgairement cumin noir.

V. 246. *asparagi* : cf. v. 375 ; XI, 3, 43 (*satiui asparagi*, opposée à *corruda*, asperge sauvage).

V. 247. *mŏlŏchē* (μολόχη), nom grec de la mauve *mălŭa*, pour le mètre. Son héliotropisme est bien connu (cf. Theophr., *H. P.*, VII, 8, 1), ainsi que les dimensions de la fleur, dont le poids fait courber la tige (*prono uertice*).

V. 248. *Nysie* : Bacchus, né sur le mont Nysa ; cf. v. 221.

V. 250. *bryonias* : nominatif (à côté de *bryonia*, du gr. βρυωνία) ; Pline (XXIII, 24-27) décrit deux espèces : *uitis alba* et *uitis nigra* ; de celle-ci il dit : *in fructetis et harundinetis maxume nascitur*.

V. 251. *ceu littera proxima primae* : la seconde lettre de l'alphabet grec, bêta ; petite énigme qui s'ajoute au jeu de la comparaison et au jeu de mots.

V. 253. *ferratae cuspidis* : périphrase qui désigne le plantoir, dont le nom technique était *paxillus* (cf. IV, 16).

V. 254. *pede candida beta* : cf. v. 326 ; Plin., XIX, 132 ; XX, 69 ; on distinguait bette noire et bette blanche ; et bette d'hiver ou d'automne, suivant la saison du semis ; il s'agit ici du repiquage (*deprimitur*).

V. 256. *uer purpureum* : cf. Verg., *Buc.*, IX, 40.

V. 257. *pingi* ; cf. Lucr., V, 1396.

V. 258. *Phrygiae loti* : *lotus* (*lotos*) désigne le micocoulier, ou une espèce de jujubier d'Afrique, ou le mélilot, ou une espèce de légumineuse de Troade (trèfle-fraise, *Trifolium fragiferum*, L.) ; cf. J. André, p. 189-190. D'après Dioscoride (III, 40), repris par Oribase (IX), le meilleur mélilot croît en Attique et à Cyzique, ville de Mysie voisine de la Phrygie.

*gemmantia lumina* ; cf. v. 97.

V. 259. *uiolaria* : cf. note v. 102.

V. 260. *leo* : cf. note v. 98.

*confusa rubore* : cf. note v. 102.

V. 262. *Sabaeum... odorem* ; cf. Verg., *Aen.*, I, 417 (*Sabaeo ture*) ; la Sabée (partie de l'Arabie heureuse) était réputée pour ses parfums.

V. 263. *Pegasidum* : les Muses auxquelles était consacrée la fontaine d'Hippocrène que Pégase avait fait jaillir d'un coup de sabot.

*Acheloidas* : au sens restreint, les nymphes du fleuve Acheloüs ; et, en général, les nymphes des eaux.

V. 264-267. *Maenalios...* : énumération de lieux chers aux nymphes : le Ménale, montagne d'Arcadie, couvert de chênes ; l'Amphryse, rivière de Thessalie, au bord de laquelle Apollon fit paître les troupeaux d'Admète (cf. Verg., *Georg.*, III, 2) ; la vallée de Tempé, en Thessalie (cf. Verg., *Georg.*, II, 469 ; IV, 317) ; Cyllène, montagne d'Arcadie ; le Lycée, autre montagne d'Arcadie (cf. Verg., *Georg.*, IV, 539) ; Castalie, source qui jaillit entre les sommets du Parnasse, consacrée à Apollon et aux Muses.

V. 268. *Sicanii... Halaesi* : l'Halaesus est une petite rivière du nord de la Sicile, près de l'Etna.

V. 270. *aequoris Hennaei* : Henna, ville de Sicile ; c'est de là que Proserpine, fille de Jupiter et de Cérès, fut enlevée par Pluton (le souverain du Léthé, Dis) ; cf. Ov., *Met.*, V, 385.

V. 275. *maestoque timore* : cf. Verg., *Aen.*, I, 202 (*maestumque timorem*).

V. 277. *comas* : cf. v. 70, où la figure désigne l'herbe ; ici, les fleurs, comme au v. 98.

V. 278. *hinc nullae insidiae* : peut-être réminiscence de Verg., *Aen.*, VI, 399 (*nullae hic insidiae*) ; il n'y a pas lieu cependant de préférer *hic* (*R*) à *hinc* (*SA*).

V. 282. *uer egelidum* : cf. Catull., XLVI, 1 (*uer egelidos refert tepores*).

*mollissimus annus* : cf. Verg., *Buc.*, III, 57 (*formosissimus annus*).

V. 283. *Phoebus* : ici le Soleil.

Sur ce thème des plaisirs printaniers, voir Lucr., V, 1392 sq. ; *Culex*, 69-71 ; Hor., *Epod.*, II, 23 sq.

V. 286. *Dionaeis* : Dione était une nymphe, mère de Vénus ; ce nom désigne aussi Vénus ; cf. Ov., *Fast.*, II, 461.

V. 287. *rosa mitescit* : le verbe se dit le plus souvent de la maturation du fruit ; ici, rapproché du v. 261 (*adaperta genas rosa*), il désigne l'épanouissement de la fleur en toute sa beauté, tandis que *gemmare*, au v. 37, se rapporte à la rose en bouton.

*Sarrano ostro* : cf. Verg., *Georg.*, II, 506 ; Sarra, ancien nom de Tyr, ville célèbre pour sa pourpre.

V. 288. *nubifugo Borea* : Borée-Aquilon, vent du nord (cf. Plin., II, 119), sec et froid, chasse les nuages et nettoie le ciel ; cf. Ov., *Met.*, I, 262.

*Latonia Phoebe* : Diane, fille de Latone, ici la Lune, comme plus haut (v. 283) *Phoebus*, le Soleil.

V. 289. *Sirius ardor* : fin de vers virgilienne (*Aen.*, X, 273).

V. 290. *Pyrois* : la planète Mars ; cf. Cic., *N. D.*, II, 53.

V. 291. *Hesperus... Lucifer* : l'étoile du berger, nommée *Hesperus* le soir et *Lucifer* le matin ; cf. Cic., *N. D.*, II, 53.

V. 292. *Thaumantias* : Iris, fille de Thaumas, est l'arc-en-ciel ; *nec tam... quam...* : reprise de la comparaison fleurs-astres ; cf. v. 96.

V. 294. *iubare exorto* : cf. Verg., *Aen.*, IV, 130.

V. 295. *gurgite Hibero* : l'Océan Atlantique, où le soleil se couche.

V. 296. *amaracus* : voir note v. 171.

V. 297. *narcissique comas* : voir notes v. 98 et 277.

*sterilisque balausti* : pour l'opposition *balaustium* (fleur du grenadier sauvage) — *cytinus* (fleur du grenadier cultivé), voir J. André, p. 50.

V. 298. *( orydonis... Alexis* : cf. Verg., *Buc.*, II, 56.

V. 299. *formoso* : cf. Verg., *Ibid.*, 45 sq. ; et pour la reprise *formoso... formosior ipsa*, *Buc.*, V, 44 (*formosi pecoris custos, formosior ipse*).

V. 300. *uiolam* : cf. note v. 102.

*nigro ligustro* : si *ligustrum* est le troène, l'épithète peut surprendre, car ses fleurs sont blanches ; cf. Verg., *Buc.*, II, 18 (*alba ligustra*) ; Ov., *Met.*, XIII, 789 ; Mart., I, 115, 3. On a pensé au henné (le *cyprus* de Plin., XII, 109 ; XVI, 77 ; XXIV, 74), mais ses fleurs sont blanches ; il est plus simple d'interpréter *nigro* comme se référant au feuillage foncé du troène toujours vert ; cf. E. de Saint-Denis, *Sur une traduction inédite en alexandrins rimés de la deuxième églogue virgilienne*, dans *Rev. Ét. lat.*, 1963, p. 236-238 ; ou aux baies noires du troène (J. André).

V. 301. *balsama* : pour J. André (p. 51), c'est ici une « plante des jardins qui ne peut être le baumier, que les Romains n'ont vu qu'au triomphe de Vespasien et Titus en 71 (Plin., XII, 111) ; peut-être la menthe-coq (*Chrysantheum balsamita*, L.) cultivée comme plante d'ornement ».

*casia* ; cf. Verg., *Buc.*, II, 49 ; E. de Saint-Denis, *art. cit.*, p. 240.

*croceosque corymbos* : on entend d'ordinaire grappes des fleurs de crocus (safran) (Lemaire, Saboureux de la Bonnetterie, Forster-Heffner) ; mais aussi grappes des fleurs du lierre dorées (Santoro).

V. 302. *Bacchus condit odores* : si l'on relevait le goût du vin avec des aromates (cf. *conditum* (*uinum*) ; J. André, *L'alimentation...*, p. 169), inversement on employait le vin dans la préparation des parfums ; cf. Theophr., *C. P.*, VI, 17, 2 ; *Odores, passim* ; Plin., XIII, 8 ; 9 ; 10 ; 18.

V. 303. *duro pollice* : l'épithète n'a rien de péjoratif ; cf. v. 23 (*incola durus*).

V. 305. *ferrugineis... hyacinthis* : cf. Verg., *Georg.*, IV, 183 ; pour l'identification de la plante, voir note v. 175 ; et pour la couleur, voir J. André, *Étude...*, p. 107. D'après IX, 4, 4, Columelle pense surtout à des fleurs bleu-ciel, *caelestis luminis hyacinthus*.

V. 307. *flammeola... calta* : cf. v. 97 (*flauentia lumina caltae*) ; Verg., *Buc.*, II, 50 (*luteola calta*) ; *flammeolus* est une création de Columelle ; cf. J. André, *Étude...*, p. 210 : orange pâle, jaune feu.

V. 308. *Vortumnus* : dieu présidant au changement des saisons, aux fleurs et aux fruits des jardins ; cf. Prop., V, 2.

V. 310. *aere... grauis* : réminiscence virgilienne (*Buc.*, I, 36).

V. 311. *flauebit messis aristis* : cf. Verg., *Buc.*, IV, 28 (*flauescet campus arista*).

V. 312. *Titan* : cf. note v. 42. Le soleil entre dans la constellation des Gémeaux le 19 mai (cf. XI, 1, 43 : *XIIII Kal. Iun. sol in Geminos introitum facit*) ; et dans le Cancer le 19 juin (cf. XI, 1, 49 : *XIII Kal. Iul. sol introitum Cancro facit*).

V. 313. *Lernaei Cancri* : d'après Hygin (*Astr.*, II, 23), un crabe fut envoyé par Junon pour mordre le pied d'Hercule aux prises avec l'hydre de Lerne ; Hercule le tua et Junon l'installa parmi les constellations.

V. 314. *Cereale papauer* : cf. Verg., *Georg.*, I, 212 ; deux interprétations proposées par Servius : *uel quod est esui, sicut frumentum, uel quod Ceres eo usa est ad obliuionem doloris*. Même rapprochement du pavot et de l'aneth dans *Buc.*, II, 46-48.

V. 316. *Fortis Fortunae* : la fête de *Fors Fortuna*, qui avait un temple sur les bords du Tibre, dans la banlieue de Rome, avait lieu le 24 juin, d'après Ovide (*Fast.*, VI, 771 sq.) et le calendrier d'Amiternum.

V. 317. *hilaris... hortos* : cf. v. 293.

V. 318. *proscisso... nouali* : cf. Varr., *R. R.*, I, 29, 1-2 : *noualis, ubi satum fuit ante quam secunda aratione renouetur. Rursum terram cum primum arant, proscindere appellant*.

V. 319. *ocima* : variété cultivée du basilic (*ocimum*, transcr. de ὤκιμον), *Ocimum basilicum*, L. ; cf. J. André, p. 224. Même prescription dans XI, 3, 34, pour la période des ides de mai au solstice : *fere etiam his diebus ocima seruntur, quorum cum semen obrutum est, diligenter inculcatur pauicula uel cylindro ; nam si terram suspensam relinquas, plerumque corrumpitur*. Sur l'emploi du rouleau (*cylindrus*), voir Cat., *Agr.*, 129 ; Verg., *Georg.*, I, 178 ; Pall., VI, 1.

V. 321. *pulex* : cf. XI, 3, 60 : *qui aestate ista seret caueat ne propter siccitates pulex adhuc tenera folia prorepentia consumat* ; ne pas confondre avec *culex* (voir ci-dessous, v. 323, note.

V. 322. *formica rapax...* : cf. Verg., *Georg.*, I, 185-186 ; *Aen.*, IV, 402.

V. 323 sq. : dans une énumération des bestioles qui rongent les feuilles, Pline (*N. H.*, XIX, 177) cite *culices* (moucherons), *urucae* (chenilles), *uermuculi* (vermisseaux), *limaces* (limaces), *cocleae* (escargots), d'après Theophr., *H. P.*, VII, 5, 4 ; voir note de l'édit. J. André, p. 170.

V. 324. *campe* : d'après XI, 3, 63, *campe* est le nom grec, *eruca* (cf. v. 333) le nom latin : *apricis regionibus post pluuias noxia incesserunt animalia, quae a nobis appellantur erucae, Graece autem* κάμπαι *nominantur*. Pline (XVII, 229) dit aussi que les pluies font naître les *urucae*, qui rongent le feuillage et laissent l'arbre hideusement dévoré.

V. 325-326. *lurida caule brassica* : *caules* a ici le sens restreint de tige ; pour *caules, cauliculus, cyma* dans le vocabulaire de Columelle, voir note v. 129. *Luridus* désigne une nuance plus fade que *luteus* ou *lucidus* : jaune terne (cf. Ov., *Met.*, IV, 267 : *luridus pallor*) ; voir J. André, *Étude...*, p. 137-138.

*pallentia robora betae* : cf. v. 254 (*pede candida beta*).

V. 328. *maturis... supponere falcem* : ce geste du moissonneur, d'après Verg., *Georg.*, I, 348, est appliqué par Columelle à la récolte des légumes, et la faucille devient ici la serpette du jardinier.

V. 329-331. *saepe...* : cf. Verg., *Georg.*, I, 316 sq.

V. 330. *hominumque boumque labores* : fin de vers virgilienne ; *Georg.*, I, 118.

V. 332. *glaucisque salictis* : cf. Verg., *Georg.*, II, 13 ; la feuille du saule a la face supérieure verdâtre et la face inférieure blanchâtre.

V. 333. *uolucres* : au nominatif singulier *uolucra* ou *uolucre* ; cf. *Arb.*, 15 : *genus est animalis, uolucra appellatur, id fere praerodit teneros adhuc pampinos, et uuas...* ; Plin., *N. H.*, XVII, 265 : *aliqui uolucre appellant animal praerodens pubescentes uuas* ; chenille appelée aussi *conuoluulus* (Cat., *Agr.*, 95 ; Plin., XVII, 264), parce qu'elle s'enroule dans la feuille de la vigne : c'est la cochylis (Billiard) ou plutôt la pyrale (J. André, *Pline*, XVII, p. 194).

*eruca* (ou *uruca*) : voir note v. 324.

V. 337. *monstra* : cf. Verg., *Georg.*, I, 185 (*quae plurima terrae monstra ferunt*).

V. 338. *experientia rerum...* : sur le rôle de l'expérience et de la nécessité dans les progrès des techniques, voir Varr., *R. R.*, I, 18, 7-8 ; Verg., *Georg.*, I, 125 sq.

V. 341. *Tuscis... sacris* : l'Étrurie, qu'Arnobe (VII, 26) a nommée *genetrix et mater superstitionis*, a initié les Romains à beaucoup de rites religieux ou magiques. Sur la magie préservatrice des intempéries, des calamités et des parasites, voir Pallad., I, 35.

V. 342. *mala Rubigo* : cf. Verg., *Georg.*, I, 150-151 ; divinité malfaisante, personnification de la rouille ou nielle des céréales ; la cérémonie propitiatoire des *Robigalia*, instituée par Numa (Plin., *N. H.*, XVIII, 285), avait lieu le 25 avril (Ov., *Fast.*, IV, 901 sq.) ; elle comportait une procession et un sacrifice.

V. 343. *catuli* : pourquoi le sacrifice d'un chien ? Explications différentes d'Ovide (*Fast.*, IV, 939-942), de Festus (p. 358) et de Pline (*N. H.*, XXIX, 58).

V. 344. *caput Arcadici... aselli* : cf. Pallad., I, 35, 16.

V. 345. *Tages* : inventeur de la divination ; cf. Cic., *Diu.*, II, 50 ; Ov., *Met.*, XV, 552 sq.

V. 346. *Tarchon* : personnage virgilien ; cf. *Aen.*, VIII, 506 ; X, 153, 290 ; XI, 184, 729, 746, 757.

V. 347. *saepe* : entendu par certains (Gesner) comme l'ablatif du substantif *saepes* (haie), en apposition avec *uitibus albis* ; par la plupart des érudits (Wernsdorf, Schneider, Ash, Forster-Heffner) comme l'adverbe de temps.

*uitibus albis* : d'après Pallad., I, 35, préservatif contre la grêle ; d'après Plin., *N. H.*, XXIII, 28, contre les oiseaux de proie. Cette *uitis alba* (ἄμπελος λευκή) est la bryone ; cf. Plin., *N. H.*, XXIII, 21 ; J. André, p. 333.

V. 348. *Amythaonius* : ce fils d'Amythaon est Mélampe, médecin et devin d'Argos ; cf. Cic., *Leg.*, II, 33 ; Virgile (*Georg.*, III, 550) le cite aussi avec Chiron : *Phillyrides Chiron Amythaoniusque Melampus.*

V. 349-350. *nocturnas...* : cf. Pallad., I, 35, 1.

V. 352-353. *amurca...* : cf. Verg., *Georg.*, I, 193 sq. *Palladia amurca* : le marc d'huile, procuré par l'olive, don de Pallas ; cf. *Palladia baca*, v. 121. Préservatif recommandé par Caton (*Agr.*, 92), Pline (*N. H.*, XVIII, 159) et Palladius (I, 35, 2).

V. 354. *nigra*... *fauilla* : il s'agit de la suie et non de la cendre, comme le montre l'épithète, ainsi que la prescription plus détaillée de XI, 3, 60-61 : *puluis, qui supra cameram inuenitur, uel etiam fuligo, quae supra focos tectis inhaeret, conligi debet.*

V. 356. *marruuii* : même prescription en VI, 25, et Plin., *N. H.*, XX, 241, d'après lequel *marrubium (marruuium)* serait le πράσιον des Grecs ; c'est le marrube ; cf. J. André, p. 201.

*sedi* : cette leçon doit être préférée à *seri* des manuscrits, conformément à II, 9, 10 ; XI, 3, 61 ; Plin., *N. H.*, XVIII, 159 (*Democritus suco herbae, quae appellatur aizoum, in tegulis nascens, et ab aliis aesum, Latine uero sedum aut digitillum, medicata seri iubet omnia semina*). D'après J. André, p. 288, ce nom englobe diverses espèces d'orpin des régions méditerranéennes.

V. 358. *Dardanicae* : de Dardanos, magicien de Phénicie ; cf. Plin., *N. H.*, XXX, 9 ; Apul., *Apol.*, 90.

V. 359. *iuuencae* : cette leçon de *SA* est acceptable ; le mot se trouve ailleurs (Horace, Ovide, Valérius Flaccus) pour désigner une jeune femme.

V. 359 sq. *femina*... : cf. XI, 3, 64, où Columelle allègue le témoignage de Démocrite ; celui-ci fut, d'après Plin., *N. H.*, XXX, 9, l'élève de Dardanos. Même tenue de la jeune femme dans Pallad., I, 35, 3 : *mulierem menstruantem, nunquam cinctam, solutis capillis, nudis pedibus contra erucas et cetera hortum faciunt circumire* ; cf. Plin., *N. H.*, XVII, 266 ; XXVIII, 78.

V. 364. *non aliter quam*... : la comparaison est virgilienne (*Georg.*, IV, 80-81).

V. 366. *campe* : voir note v. 324.

V. 367-368. *sic quondam*... : Jason, dont Iolchos, en Thessalie, était la patrie, s'empara de la toison d'or que Phrixus détenait en Colchide ; grâce à la magicienne Médée, il endormit le dragon qui la gardait, et il revint après sa victoire à Iolchos. Pour le mouvement *uellere delapsum*, voir les narrations d'Ovide (*Met.*, VII, 149 sq.) et surtout de Valérius Flaccus (VIII, 93-91) : le dragon était de garde au pied de l'arbre où la toison était accrochée ; assoupi par la magie de Médée, il s'affaisse peu à peu, sa crinière tombe, sa tête vacille, bientôt il est étendu sur le sol au pied de l'arbre.

V. 369. *prototomos*... *caules* (πρωτό-τομος) désigne les tigelles du chou (brocolis) (que Columelle appelle *cyma* et *cauliculus* en XI, 3, 24), récoltées en première coupe ; en effet, d'après Plin., XIX, 137, on semait, on repiquait et on coupait le chou toute l'année, si bien qu'on récoltait brocolis de printemps, d'été, d'automne et d'hiver, issus de la tige rasée du chou (ce chou des anciens est donc le Brocoli branchu ou Brocoli asperge ; cf. édit. J. André, p. 149). Pline appelle *prima sectio* la première coupe de la tige. Comme Columelle, Martial emploie *prototomi coliculi* (XIV, 101) et *prototomi* seul (X, 48,16). Pour la présentation et la préparation de ces brocolis, voir J. André, *L'alimentation*..., p. 24.

V. 370. *Tartesiacos Paphiosque thyrsos* : ces deux espèces de laitues ont été décrites aux v. 185-188 ; le mot *thyrsos*, déjà rencontré au v. 186, fait penser qu'on mangeait certaines laitues montées ; cf. XII,

9, 2 ; Plin., XIX, 129. Un personnage d'Apulée (*Met.*, IX, 32, 4)
mange ses laitues montées en graines quand elles « ressemblent à de
gros balais », par avarice, aux yeux de J. André, *L'alimentation...*,
p. 30. Le vers suivant (présentation en bottes avec céleri et poireau)
montre qu'il ne s'agit pas de laitues en pommes.

V. 371. *secto porro* : voir note v. 167.

V. 372. *eruca salax* : sur la roquette et ses vertus aphrodisiaques,
voir v. 109, note.

V. 373. *lapathos* : du gr. λάπαθος, à côté de *lapathum* (λάπαθον).
Parmi les espèces cataloguées par J. André (p. 178), il s'agit ici de
l'oseille-épinard ou patience (cf. Plin., XIX, 184-185, édit. J. André,
p. 173). Ses propriétés laxatives sont bien attestées : cf. Dioscor., II,
114, 2 ; Plin., XX, 235.

*Thamni* (*tamni*), par contamination avec gr. θάμνος ; cf. J. André,
p. 310 : tamier (*Tamus communis*, L.), dont on mangeait les pousses
en guise d'asperges. Ce mot, que certains ont inutilement corrigé en
*rhamni*, se retrouve en XII, 7, 1-2 ; Plin., XXI, 86 ; Tert., *Anim.*, 32 ;
Apic., IV, 2, 7 ; cf. J. André, *L'alimentation...*, p. 25.

V. 374. *scilla* : de quelle espèce de scille s'agit-il? De la scille officinale ; cf. Plin., XIX, 93 sq. ; J. André, p. 284 ; *L'alimentation...*,
p. 22.

*Hirsuto... rusco* : le fragon ou petit-houx (*Ruscus aculeatus*, L.) ;
cf. Verg., *Buc.*, VII, 42 (*horridior rusco*) ; *Georg.*, II, 413 (*aspera
rusci uimina*) ; J. André, p. 277.

V. 375. *asparagi* : sur les asperges sauvages (*corrudae*), et les cul-
tivées (*asparagi*), voir Cat., *Agr.*, 6, 3 (*corrudam unde asparagi fiant*) ;
Varr., *R. R.*, I, 24, 4 ; Plin., XIX, 145 (édit. J. André, p. 154). *Filo* ne
peut désigner que la pousse issue du turion ; en XI, 3, 45, Columelle
la nomme *stylus* ; et Pline (XIX, 146) *thyrsus*, puis *caules* (*uiret
thyrso primum emicante, qui caules educens tempore ipso fastigatur in
toros striatos*) ; on sait que *filum* a été appliqué à divers objets allongés
et grêles, par exemple au brin de poireau (Mart., 11, 52, 6 ; 13, 18, 1).

V. 376. *andrachle* (ἀνδράχλη), ou *andrachne* (ἀνδράχνη), nom grec
du pourpier, en lat. *porcillaca* ; cf. Plin., XIII, 120 : *andrachlen omnes fere Graecis porcillacae nomine interpretantur, cum sit herba et
andrachne uocetur unius litterae diuersitate* (suit une description de
la plante, qui a permis l'identification proposée ; voir J. André, p. 30).
Théophraste (*C. P.*, I, 10, 4) la range parmi les plantes humides et
fraîches.

*antes*, correction de *antas* (voir App. crit.), d'après Verg., *Georg.*,
II, 417, où le mot désigne les rangées d'une plantation (de vignes) ;
ici, les rangs de légumes dans les planches du jardin ; cf. Sidon.,
*Epist.*, VIII, 8, 1.

V. 377. *longa phaselos* : ne peut être notre haricot (cf. J. André,
*L'alimentation...*, p. 39-40) ; mais le vers fait penser à une plante
exubérante et volubile dont les lianes incommodent et étouffent
l'arroche ; espèce du genre *Dolichos* ou *Vigna* (dolique, banette,
mongette) ; cf. J. André, p. 120 et 246. L'*atriplex* est l'arroche des
jardins ; cf. XI, 3, 42 : *olus atriplicis quod Graeci uocant* ἀνδράφαξιν ;
Plin., XIX, 99, 117 ; XX, 219 ; A. C. Andrews, *Orach as the spinach*

*of the classical period*, dans *Isis*, 1948, p. 169-172 ; Palladius (V, 3, 3) la décrit comme une plante exubérante qu'il faut couper sans cesse avec le fer pour l'empêcher de repousser ; le dolique et l'arroche sont donc bien deux plantes qui ne peuvent voisiner sans se gêner et s'étouffer.

V. 378. *dependens trichilis* : cf. v. 394 : de même Pline (XIX, 61) dit à propos de *cucurbitae* (gourdes) et *cucumis* (concombre) : *quaedam iacent crescuntque, ut cucurbitae et cucumis ; eadem pendent, quamquam grauiora multo etiam iis quae in arboribus gignuntur.* Le serpent *chelydrus* est, comme son nom grec l'indique, un serpent d'eau (cf. Verg., *Georg.*, II, 213 ; III, 415) ; d'où la comparaison avec l'espèce de concombre appelée *cucumis anguineus* en II, 9, 10 ; VII, 10, 5 ; VII, 13, 2 ; ou *anguinus*, par Varron, *R. R.*, I, 2, 25 ; Plin., XX, 9 ; voir J. André, p. 107 ; ou *erraticus* (Plin., XX, 9). Plus bas (v. 394-395), Columelle suggère la même comparaison (*repit ad undam*), en signalant le goût de cette espèce pour l'eau ; cf. XI, 3, 48 ; Plin., XIX, 65-66 (*natura oleum odere mire nec minus aquas diligunt, desecti quoque ; ad eas modice distantes adrepunt...*).

V. 379-380. *gelidas... serpit* ; cf. Verg., *Georg.*, IV, 121-122 : *tortusque per herbam | cresceret in uentrem cucumis* ; Prop., V, 2, 43 : *caeruleus cucumis tumidoque cucurbita uentre* ; *Moretum*, 78 : *grauis in latum demissa cucurbita uentrem.*

V. 382-385. *Nam si... medio* : cf. XI, 3, 49-50 ; Plin., XIX, 72 ; Pallad., IV, 9, 16 : mêmes prescriptions en ce qui concerne la qualité des graines suivant leur place dans le fruit. « Pour les anciens il y avait un évident rapport entre la place de la graine et le fruit désiré : rond, si la graine vient de la partie centrale généralement plus renflée ; long, si elle vient des extrémités amincies... » « Ces distinctions ne reposent sur rien » (J. André, *Pline*, XIX, p. 124). Pour désigner les parties du fruit, Columelle emploie *media pars*, *cacumen*, *collum*, en XI, 3, 49-50 ; Pline, *collum*, *medium*, *latera* ; Palladius, *ceruix*, *uenter*, *fundus*, *cacumen*. Le cou (*collum*, *ceruix*) ne peut être que l'étranglement qui sépare le renflement proche du pédoncule et la partie ventrue.

V. 385. *capacem...* : cf. XI, 3, 49 (*sunt ad usum uasorum satis idoneae, sicut Alexandrinae cucurbitae, cum exaruerunt* ; Plin., XIX, 71 (*nuper in balnearum usum uenere urceorum uice, iam pridem uero etiam cadorum ad uina condenda* ; cf. note J. André : « La gourde vidée et séchée a longtemps servi de bouteille sous le nom de calebasse, comme encore aujourd'hui chez les indigènes d'Afrique du Nord. »)

V. 386. *Naryciae picis* : cf. Verg., *Georg.*, II, 438 ; la poix de Narycium, Naryx ou Narycus, ville de Locride, d'où vinrent les colons qui fondèrent Locres dans le Bruttium, est citée aussi par Pline (XIV, 128.

*Actaei* : de *Acte*, ancien nom de l'Attique.

V. 387. *lagoenam* (*lagenam*) : carafe ou bouteille ; cf. *Dict. ant.* Daremberg et Saglio, art. *lagena*.

V. 388. *innare docebit* : pour soutenir les apprentis nageurs, on utilisait aussi une ceinture de jonc (Pl., *Aul.*, 595-596), ou de liège (Hor., *Sat.*, 1, 4, 121).

**V. 389.** *liuidus cucumis* : la couleur est difficile à rendre par un seul mot (cf. J. André, *Étude...*, p. 394) ; Properce parle de *caeruleus cucumis* (V, 2, 43) ; Pline (XIX, 65), de concombres qui sont *uirides* en Italie (les tout petits), et *cerini aut nigri* dans les provinces (les tout gros) ; ici *liuidus* peut être intermédiaire entre *caeruleus* et *uiridis*, avec une nuance intraduisible de jaunâtre, puisque l'étymologie du mot fait penser aux bleus et meurtrissures de la peau (cf. Verg., *Aen.*, VII, 759 ; Hor., *Od.*, I, 8, 10) ; explication plus simple que cette autre, également suggérée par J. André, *Étude...*, p. 172 : « Variété de concombre dont les graines donnent la fièvre, et qui doit sans doute son épithète inusité à la méfiance qu'inspire cette particularité. » J'ai opté pour la traduction : verdâtre, qui m'a paru la moins infidèle, et à cause de *gramine* (v. 390).

**V. 391.** *collectus in orbem* : Pline (XIX, 70) dit cela de la gourde (*cucurbita*) : *cucurbita... crescit qua cogitur forma, plerumque et draconis intorti figura*.

**V. 392.** *noxius exacuit morbos...* : cf. Plin., XIX, 65 (*uiuunt hausti in stomacho in posterum diem nec perfici queunt in cibis, non insalubres tamen plurimum*) ; voir J. André, *L'alimentation...*, p. 42 : les médecins considéraient le concombre comme peu nourrissant, mais il occupait une place importante dans l'alimentation ; cf. les recettes d'Apicius.

**V. 394-395.** *at qui... amore* : voir v. 378, note.

**V. 397.** *calathis* : désigne ici les petites corbeilles (formes) où s'égoutte le lait caillé, *lacte gelati* ; cf. *lacte coacto* (Ov., *Met.*, XIII, 796) ; *lactis alligati* (Mart., VIII, 64, 8) ; même sens que *fiscella* (VII, 8, 3) : *fiscellas... calathos... formas* ; Tib., II, 3, 15 (*fiscella leui detexta est uimine iunci*) ; cf. *Dict. ant.* Daremberg et Saglio, art. *calathus*, fig. 1000.

**V. 398.** *dulcis* : se réfère au goût de la chair, comme *lenis* dans Plin., XIX, 71.

**V. 399.** *mortalibus aegris* : fin de vers virgilienne (*Georg.*, I, 237). Pline (XIX, 73) dit aussi que les gourdes qui ont grandi suspendues sont meilleures à la santé.

**V. 400.** *Cum canis Erigones...* : Érigone, fille d'Icare, fut transportée parmi les astres, après son suicide, à la demande de Bacchus ; elle y devint la constellation de la Vierge, et son chien devint Sirius ; cf. Hygin., *Astr.*, II, 4 ; *Fab.*, 122, 130, 254. Hyperion, fils d'un Titan, était le père d'Hélios ; ici le Soleil lui-même. Pour la date, voir XI, 2, 58 : *XIII Kal. Sept. sol in Virginem transitum facit* (20 août).

**V. 401.** *arboreos fetus* : périphrase virgilienne (*Georg.*, I, 55) désignant les fruits des arbres fruitiers. Le vers signifie qu'à partir de la mi-août les fruits mûrissants se détachent mieux sur le feuillage.

**V. 402.** *sanguineo cruore* : cf. Verg., *Buc.*, VI, 22 (*sanguineis moris*), pour le jus des mûres noires (*Morus nigra*, L.) ; le mûrier blanc (*Morus alba*, L.) a été introduit depuis l'antiquité ; cf. J. André, p. 212 ; *L'alimentation...*, p. 77.

**V. 493.** *praecox...* : la culture du figuier s'est tellement répandue dans l'antiquité depuis toujours que quarante-quatre espèces ont été obtenues et cataloguées ; cf. J. André, p. 136-138 ; *L'alimentation...*, p. 75. Columelle en nomme dix, *omnes etiam biferae et triferae flosculi,* en V, 10, 11 ; d'après Suet., *Aug.*, 76, Auguste était friand des fruits frais d'une espèce donnant deux fois l'an ; et Pline (XVI, 113-114) donne sur les figues précoces ces précisions : *ficus et praecoces habet, quas Athenis prodromos uocant, in Laconico genere maxime ; sunt et biferae in isdem ; in Ceo insula caprifici triferae sunt* ; mais ce qu'il donne comme une exception n'avait rien de tel et la plupart des variétés du figuier cultivé donnent une double récolte annuelle (note de l'édit. J. André, p. 138).

V. 404. *Armeniisque...* : *Armenium (Armeniacum) pomum* est l'abricot ; cf. V, 10, 19 ; J. André, p. 41. *Cereolum (cereum*, Verg., *Buc.*, II, 53 ; *Copa*, 18 ; *cerinum*, Plin., XV, 41) *prunum* est une prune couleur de cire, c'est-à-dire dorée, puisque la cire des anciens était jaune ; cf. XII, 10, 4 ; J. André, p. 262. *Prunum Damasci* (ou *Damascenum*, Plin., XIII, 51 ; XV, 43, Apic., X, 1, 6, etc.) est la prune de Damas, la quetsche (J. André, p. 262) ; Pline (XV, 43) la décrit comme ayant été importée depuis longtemps de Syrie en Italie et comme ayant, depuis ce dépaysement, un noyau plus gros et une chair plus maigre, parce qu'elle n'a plus le soleil de son pays (cf. édit. J. André, p. 89) ; prune violette ou presque noire (cf. Plin., XIII, 51, note A. Ernout, p. 84). Il y a donc opposition chromatique latente dans ce vers, entre la prune dorée et la prune de Damas très foncée.

V. 405. *calathi* : désigne ici des corbeilles assez grandes, tandis qu'au v. 397 (voir note) ce sont des formes pour le lait caillé, et, au v. 99, les calices des fleurs de lis.

V. 406. *miserat...* : ces fruits de Perse ne sont pas les mêmes que les *Persica* du v. 410 (pêches). En effet, les énigmes de ces vers 405-408 ont été déchiffrées grâce à la notice de Plin., XV, 45 : « Quant aux arbres de Perse (*Persicae arbores*), ils ont été introduits tardivement et difficilement, car ils sont stériles à Rhodes, leur première étape au départ de l'Égypte. Il est faux que les fruits produits chez les Perses soient un poison douloureux et que, transplantés en Égypte par les rois pour châtier (les Égyptiens), le terrain leur ait fait perdre leur nocivité (*falsum est uenenata cum cruciatu in Persis gigni et poenarum causa ab regibus tralata in Aegyptum terra mitigata).* C'est, en effet, du *persea* que les auteurs sérieux rapportent cela, arbre totalement différent, aux fruits semblables aux sébestes qui rougissent (*myxis rubentibus similis*), et qui a refusé de croître hors de l'Orient » (trad. J. André). Il faut donc : 1° distinguer le sébestier et le pêcher ; cf. note J. André, p. 89, avec renvois à Theophr., *H. P.*, III, 3, 5, et Diosc., I, 129 ; 2° ne pas compléter *miserat* par *nobis*, comme l'ont fait Savoureux de la Bonnetterie et Du Bois, puisque ces fruits ont été exportés de Perse en Égypte.

V. 407. *expositi* : excellente glose de Wernsdorf : « *Mihi seruanda lectio uulgata uidetur, uerbaque eius plana sunt. Discrimen leti est periculum mortis e malo Persico metuendae, et letum expositum, frequenti eius uerbi usu, est obuium, paratum, facile* » ; cf. Forster-Heffner : « But now with little risk of harm set forth. »

V. 410. *Persica (mala)* : les pêches ; voir note v. 406 ; J. André, p. 244 ; *L'alimentation...*, p. 81.

V. 411. *madent* : cf. *madescit*, v. 398, en parlant des fruits qui, en mûrissant, deviennent juteux.

V. 412. *Asiatica* : Pline cite aussi les gauloises et les asiatiques (XV, 39-40), ainsi que les *duracina* ; voir édit. J. André, p. 87.

V. 413. *grauis Arcturi* : étoile de la constellation du Bouvier ; son lever et son coucher étaient redoutés comme annonciateurs de tempêtes ; rapprocher du v. 400, qui donne la date du 20 août, et de XI, 2, 63 : *Non. Sept. Arcturus exoritur* (5 septembre) ; 65 : *XV Kal. Oct. Arcturus exoritur* (17 septembre). Passée la canicule, le temps change pour l'équinoxe.

V. 414. *Liuia, Chalcidicis et caunis aemula Chiis* : ce vers énumère-t-il quatre espèces de figuiers? *Arbos Liuia* (ou *Liuiana*, V, 10, 11) porte le nom de son auteur, d'après Plin., XV, 70 (*sunt et auctorum nomina iis ⟨ficis⟩, Liuiae, Pompei* ; voir note J. André, p. 101). Autre explication suggérée par Ash : peut-être allusion au fait rapporté par Dion Cassius (LVI, 30) ; Livie enduisit de poison des figues sur les arbres dont Auguste avait l'habitude de cueillir et de manger les fruits. La figue de Chalcis d'Eubée (*Chalcidica*) est citée par Varron (I, 41, 6) et Pline (XV, 71) ; Columelle en parle aussi en V, 10, 11 ; c'est une figue à deux variétés, noire et blanche ; cf. Plin., *loc. cit.*, note J. André, p. 100. La figue de Chios est bien connue ; importée en Italie (cf. Varr., I, 41, 6), elle est à variétés noire et blanche, à la fois juteuse et piquante (cf. Mart., VII, 25, 8 ; XIII, 23) ; voir Plin., XV, 69, note J. André, p. 100.

Mais *Caunis* (*Cauniis, Cauneis*) est difficile. On a traité le mot comme un nominatif (cf. *callistruthis* au v. 416) et entendu : la figue de Livie, qui rivalise avec les chalcidiennes, et celle de Caunos, rivale de celles de Chios (Forster-Heffner) ; mais ce nominatif *Caunis* ne se trouve pas ailleurs. On a le plus souvent pris *Chalcidicis, Caunis* et *Chiis* comme trois datifs compléments de *aemula* et désignant trois espèces de figues (Saboureux de la Bonnetterie, Du Bois, Ash) ; mais la copule *et* manque entre *Caunis* et *Chiis*. Reste une seule solution : traiter *caunis* comme un nom commun, synonyme de *ficis* (même emploi de *carica*, qui originellement était la figue de Carie) ; voir Santoro, p. 64 et 91 : « l'albero di Livia, emuli dei Calcidici e di quelli secchi di Chio » ; J. André, *Pline, livre XV*, p. 105 ; A. Ernout, *Aspects du vocabulaire latin*, Paris, 1954, p. 28.

V. 415. *Chelidoniae* : d'après Plin., XV, 71, cette espèce mûrit la dernière en hiver. Pour certains (Ash, Forster-Hoffner), le nom viendrait de son origine (les îles Chelidoniennes se trouvent au large de la côte de Lycie) ; pour d'autres (J. André), il viendrait de sa couleur, pourprée comme la gorge de l'hirondelle (χελιδών) ; voir *Pline, XV*, édit. J. André, p. 101.

*Mariscae* : citées aussi par Caton (*Agr.*, 8, 1) et Pline (XV, 72) ; espèce insipide, d'après Mart., VII, 25, 7 (*Mariscas fatuas*) ; le rapprochement montre que *pingues* doit être péjoratif : « fat Mariscan » (Forster-Heffner).

V. 416. *callistruthis* : ou *callistruthia* ; cf. V, 10, 11 ; du gr. καλλισ-τρούθιον (σῦκον), ainsi appelée parce qu'elle était picorée par les moineaux (J. André, *Pline, XV*, p. 100) ; présentée par Plin., XV, 69, comme une espèce à chair savoureuse, la plus froide de toutes les figues.

V. 417. *albaque...* : Pline (XV, 70) nomme, sans la décrire, une *albicerata* ; voir édit. J. André, p. 101.

V. 418. *Lybisca* : pour certains, la même que l'*Africana* de Plin., XV, 69 ; « mais on doit noter que Col., V, 10, 11 ; X, 418, et Mart., IV, 46, 10, et VII, 53, 8, mentionnent une *ficus Libyca* qui n'est pas l'*Africana*, puisqu'elle est citée en même temps dans Columelle » (J. André, *Pline, XV*, p. 100).

*picto Lydia tergo* : figue rouge-sang de Lydie, d'après Athen., 76 b (αἱμώνια, à Paros) ; cf. Varr., *R. R.*, I, 41, 6 ; Col., V, 10, 11 ; Plin., XV, 69 (voir note J. André, p. 100). La glose de Pline : *Lydiae quae sunt purpureae*, montre que *picto tergo* ne désigne pas une peau mouchetée (« mottled skin », Ash ; « spotted skin », Forster-Heffner).

V. 419. *Tardipedi* : ce dieu boîteux est Vulcain, et les cérémonies évoquées sont les *Vulcanalia* ; date : 23 août.

V. 420. *seritur...* : cf. XI, 3, 18 (*Ceterum Augusto circa Vulcanalia tertia satio est eaque optima radicis et rapae itemque napi et siseris, nec minus holeris atri*).

*pendentibus undis* : cf. Verg., *Georg.*, I, 214 (*dum nubila pendent*) ; les nuages font leur apparition, mais ils ne s'abattent pas encore en ondées.

V. 421. *gongylis* : gr. γογγυλίς, dont le nom latin est *rapum* ou *rapa*, la rave ; cf. J. André, p. 151 ; voir ci-dessus, v. 420, note.

*Nursia* : ville des Sabins, renommée pour ses raves ; cf. Plin., XVIII, 130 ; pour le tour *mittit Nursia*, voir Verg., *Aen.*, VII, 715.

V. 422. *bunias* : gr. βουνιάς, dont le nom latin est *napus*, le navet ; cf. J. André, p. 216 ; voir ci-dessus, v. 420, note. Pline (XVIII, 130 ; XIX, 77) et Martial (XIII, 20, 1) vantent le navet d'Amiterne (en Sabine).

V. 423. *maturis... uuis* : les vendanges vont commencer, et le cycle des travaux s'achève, comme il a commencé (v. 43 sq.), par une image bachique.

V. 425. *imperioque tuo paremus* : peut-être réminiscence virgilienne, *Aen.*, IV, 577.

V. 426. *tua munera...* : cf. Verg., *Georg.*, III, 526 (*Massica Bacchi munera*). *Iacchus* : un des noms de Bacchus ; cf. Verg., *Buc.*, VI, 16 ; VII, 61.

V. 427-428. *Panasque biformes* : Pan est bouc par les jambes, les cornes et les poils ; homme, par le reste du corps ; cf. Ov., *Met.*, XIV, 515, *semicaper Pan*. Les réjouissances vindémiaires sont inaugurées par les *Vinalia rustica* ; date : 19 août ; cf. *Dict. antiqu.* Daremberg et Saglio, art. *uinalia*.

V. 429. *Maenalium... Bacchum... Lyaeum* : le Ménale, montagne d'Arcadie, était fréquenté par Pan (cf. Verg., *Buc.*, VIII, 22) et par les cortèges bachiques. *Lyaeus* (Λυαῖος, de λύω), le dieu qui libère des soucis ; cf. Verg., *Georg.*, II, 229.

V. 430. *Lenaeumque patrem* : encore un nom de Dionysos-Bacchus ; du gr. Ληναῖος (de ληνός, cuve de pressoir) : le dieu du pressoir ; cf. Verg., *Georg.*, II, 4, 7, 529 ; III, 510.

V. 431. *Falerno* : vin fameux de Campanie (cf. Verg., *Georg.*, II, 96), où l'on distinguait trois crus : le Gauran, le Massique et le Falerne.

V. 432. *exundent...* : reprise de la notation virgilienne, *Georg.*, II, 6 (*spumat plenis uindemia labris*).

V. 433. *Hactenus hortorum cultus* : cf. Verg., *Georg.*, II, 1 (*hactenus aruorum cultus*) ; d'où la leçon fautive de certains manuscrits : *hactenus agrorum cultus*.

V. 435-436. *qui primus... carmen* : cf. Verg., *Georg.*, II, 175-176 (*sanctos ausus recludere fontis | Ascraeumque cano Romana per oppida carmen*). Le poème d'Ascra est l'œuvre d'Hésiode, né à Ascra (Béotie) : les *Travaux et Jours.*

# INDEX NOMINVM ET RERVM

N. B. — Cet index comprend les noms propres, les termes de botanique, de zoologie, d'astronomie et de météorologie, les noms d'outils, et les verbes désignant les travaux du jardinage.

ferula, v. 21, 118.
fetus (terrae), v. 161, 199, 287, 401.
ficus, v. 403.
Fides, v. 279.
fimus, v. 82.
fiscella, v. 402.
fiscina, v. 307.
flos, v. 20, 37, 96, 120, 175, 242, 268, 286, 304.
fons, v. 25, 49, 143.
fori, v. 92.
formica, v. 322.
Fors Fortuna, v. 316.

Gades, v. 185.
Gallia, v. 411.
Georgicum (carmen), *praef.*,3.
gerulus, v. 310.
Getulae (glebae), v. 107.
glans, v. 365.
glauceum, v. 104.
glebae, v. 7, 88, 107, 152.
Gnosius (ardor), v. 52.
gongylis, v. 421.
Graeci, *praef.*, 4.
Graium (nomen), v. 126, 251.
gramen, v. 9, 19, 119, 284, 379, 390.
grando, v. 330.
granum, v. 243.

Halaesus, v. 268.
Helle, v. 155.
Hennaeum (aequor), v. 270.
Herculeae (salinae), v. 36.
Hesperus, v. 291.
Hiberus (gurges), v. 295.
hirundo, v. 80.
holitor (olitor), v. 83, 148, 177, 229, 327.
holus (pullum), v. 123.
hortus, v. 1, 6, 24, 33, 132, 150, 229, 255, 286, 293, 317, 333, 362, 372, 424, 433.

humus, v. 27, 46, 87, 101.
hyacinthus, v. 100, 305.
Hybla, v. 170.
Hymettus, v. 386.
Hyperion, v. 400.

Iacchus, v. 235, 309, 426.
imber, v. 51, 147, 206, 329.
inducere (fontes), v. 143.
infundere (plantis latices), v. 356.
inspergere (nouali ocima), v. 318.
intibum, v. 111.
inula, v. 118.
Iolcos, v. 368.
Iuppiter, v. 51, 273, 329, 346.

lacerare (comas terrae), v. 70.
lactuca, v. 179.
lactucula, v. 111.
lapathos, v. 373.
Latonia (Phoebe), v. 288.
laurus, v. 217.
Lenaeus, v. 430.
leo (herba), v. 98, 260.
Lepinus (mons), v. 131.
Lernaeus (Cancer), v. 313.
Lethaea (unda), v. 62.
Lethaeus (tyrannus), v. 271.
leucoion, v. 97.
ligo, v. 89.
ligustrum, v. 300.
lilium, v. 99, 270.
limax, v. 324.
limes, v. 92.
Liuia (arbos), v. 414.
lotus, v. 258.
Lucifer, v. 291.
Lupercus, v. 191.
lupinus, v. 115.
Lyaeus, v. 429.
Lybisca (ficus), v. 418.
Lydia (ficus), v. 418.
Lyra, v. 79.

# TABLE DES MATIÈRES